개발자 취업 성공 프로젝트 #1

누가
IT시장 취업에
성공하는가

신입 경력 지원자와 면접관을 위한 지침서

지은이 이상민

개발자 취업 성공 프로젝트 #1

누가 IT시장 취업에 성공하는가 – 신입 경력 지원자와 면접관을 위한 지침서

지은이 이상민 **1판 1쇄 발행일** 2021년 5월 12일

펴낸이 임성춘 **펴낸곳** 로드북 **편집** 임성춘 **디자인** 이호용(표지), 심용희(본문)

주소 서울시 동작구 동작대로 11길 96-5 401호

출판 등록 제 25100-2017-000015호(2011년 3월 22일) **전화** 02)874-7883 **팩스** 02)6280-6901

정가 16,000원 **ISBN** 978-89-97924-83-7 93000

이메일 chief@roadbook.co.kr **블로그** www.roadbook.co.kr

| 개발자 취업 성공 프로젝트 #1

누가
IT시장 취업에
성공하는가

신입 경력 지원자와 면접관을 위한 지침서   지은이 이상민

저자 서문

취업과 이직!
어떻게 준비할 것인가?

취업과 이직은 며칠 준비한다고 가능한 것이 아니다. 준비된 사람에게 기회가 오듯 취직이나 이직할 생각이 있다면 미리미리 준비해야만 한다. 하지만, 첫 취업을 준비할 때 주변에 도움을 줄 선배나 지인이 없으면 실패할 확률이 높다. 이직 또한 정보가 부족하면 잘못된 선택을 할 가능성이 매우 높다. 취업과 이직은 인생에서 몇 번 정도에 불과하겠지만, 한 개인의 인생이 바뀔 수도 있는 중요한 선택 중 하나이다. 그런 면에서 누군가 옆에서 가이드를 해줄 분들이 없는 독자를 위해 이 책을 쓰게 되었다.

이 책은 면접을 잘 하기 위한 팁을 제공해주는 책은 아니다. 이력서 준비부터 기술, 코딩, 임원 면접까지 각 단계에서 꼭 필요한 사항들이 무엇인지 정리하여 이를 통해 미리미리 독자가 첫 취업과 이직을 준비할 수 있도록 도와주는 지침서이다.

단기간에 공부해서 본인의 실력을 포장해서 취업을 할 수는 있다. 하지만, 일을 하다 보면 금방 실력이 나타나기 때문에 그 포장은 오래가기 어렵다. 회사에서는 어떤 기술들이 필요하고, IT 시장에서 인정받는 개발자로 성장하기 위해서 꼭 알고 있어야만 하는 아주 기본적인 사항들을 정리해 놓았다. 하지만, 저자가 정리해 놓은 것이 전부는 아니다. 일반적인 자바 기반의 풀스택/백엔드 개발자, 인프라 엔지니어가 알고 있어야만 하는 기술들을 위주로 정리했기 때문이다. 나중에 기회가 된다면 모바일 및 프론트 개발자들을 위한 질문들도 추가할 예정이다.

실력은 있지만 본인의 실력을 잘 피력하지 못하는 분도 있고, 본인의 역량보다 높은 평가를 얻으려고 하는 분들도 있다. 어차피 대부분의 회사는 수습기간이 있기 때문에 아무리 나의 역량을 감추려 해도 언젠가는 모두가 알게 된다. 어떻게 하면 꼼수를 써서라도 합격할까 생각하기 전에 실력을 쌓는 과정을 제대로 밟는 게 중요하다. 그래야 3단계나 최대 10단계에 걸친 채용 과정을 거쳐 취업에 성공할 수 있고 수습 기간까지 무사히 마칠 수 있다.

여러 단계의 면접 중 개발자라면 가장 중요한 부분은 역시 코딩 면접이다. 코딩 면접을 위해서는 알고리즘 공부를 적어도 3개월에서 1년 정도를 준비해야 한다. 자세한 알고리즘에 대한 설명보다는 어떤 알고리즘을 공부해야 하는지와 코딩 면접의 준비부터 실전까지의 과정을 정리해 두었다.

이 책에는 많은 문제와 질문들이 있다. 하지만, 정답을 책에 명시하지는 않았다. 면접관마다 생각할 수 있는 답은 다를 수도 있고, 조금만 공부를 해도 풀 수 있는 문제들이기 때문이다. 아무리 생각해도 답을 찾지 못하겠다면 최대한 본인이 생각하는 답을 정리하여 저자에게 문의하기 바란다. 문의는 저자와 출판사가 운영중인 〈자바의 신〉 네이버 카페에 올려주기 바란다.

 https://cafe.naver.com/godofjava

마지막으로 이 책의 출간을 위해 힘써 주신 출판사 대표님, 디자이너님께 감사를 전한다.

결혼한 지 20주년이 된 2021년 4월의 어느 날

이상민

등장인물 소개

이 책에 나오는 등장인물은 가상으로 지어낸 인물이다.

 고온대 IT 회사에서 20년 정도 일을 한 엔지니어 출신의 관리자다. 신인재의 삼촌이기도 하다. 신인재가 학부 시절부터 개발자가 되기 위해 취업 준비를 할 수 있도록 여러 모로 도움을 주고 있다.

 신인재 책의 앞부분에서는 컴퓨터공학과에 재학 중인 2학년 학생으로 나오지만, 뒤로 갈수록 본격적으로 취업을 준비해야 하는 4학년이 되었을 때는 조금은 의젓한 모습으로 탈바꿈한다. 삼촌의 권유로 컴퓨터공학과를 선택했으며, 취직을 준비하기 위해 지속적으로 삼촌에게 자문을 구하고 있다.

 **나잘난** 신인재의 3년차 선배이면서, 이미 현업에서 활동하고 있는 개발자이다. 이직 준비를 하고 있는데, 역시 IT 경력이 많은 고온대를 신인재로부터 소개받아 이직 과정에서 많은 도움을 얻는다.

이 책은 주로 신인재의 신입 개발자 취업 활동을 주로 다루고 있지만, 나잘난처럼 이직을 준비 중인 경력 개발자들도 참고할 수 있도록 구성하였다. 이들이 어떻게 취업 및 이직을 준비하는지 이야기 속으로 한번 들어가보도록 하자.

chapter 01

개발자 취준생 가이드

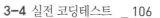

chapter

06

IT 기술은 어디까지 알아야 할까?

chapter 07 연봉 협상과 마무리

chapter 01

개발자 취준생 가이드

1장에서는 IT 회사의 일반적인 면접 과정과 서류 면접 후
반드시 거쳐야 하는 코딩 면접과 기술면접을 살펴볼텐데요.
온라인 오프라인 코딩 시험이 어떻게 치러지는지 준비는
어떤 식으로 해야 하는지 알아봅니다.
그리고, 요즘 알고리즘 면접의 비중이 크게 늘어나고 있는데요.
저 신인재도 알고리즘 공부를 해야 한다는 얘기를 듣고
많은 고민에 빠진답니다. 신인재가 개발자가 되기 위해
어떤 준비를 해나가는지 함께 떠나보실래요?

일반적인 IT 회사의 면접 절차

어느날 갑자기 메신저로 조카인 인재가 삼촌에게 말을 걸었다.

 삼촌 잘 지내시죠?

 잘 살고 있어?

 네. 이제 제대하고 2학년 복귀해요.
불경기라서 취직이 안 될까봐 걱정이에요. 면접 준비를 뭐부터
준비하면 좋을까요?

 마음가짐? ㅎㅎㅎㅎㅎㅎ

아… 네…
그… 그리구요?

 너, 컴공과잖아.
코딩은 잘해?

 코딩을 잘 해야 하나요?

 뭐하고 살건데?

 뭐 IT회사 들어가서, 열심히 살려고요.

 그러면 코딩을 할 줄 알아야 해.
요즘엔 초등학생도 코딩 잘해.

 대체 면접을 어떻게 보길래 코딩을 잘해야 해요?

 내가 신입 면접을 볼 때는 말이야…

면접을 보는 이유

이 세상에는 많은 사람들이 있다. 각자 사는 환경도 다르고, 생활하는 패턴, 성격이 모두 다르다. 이렇게 다양한 사람들이 회사에 입사해서 같이 일을 한다. 그런데, 회사마다 일하는 방식도 다르고, 필요한 역량도 다르다. 그렇기 때문에 각 회사마다 상이한 면접을 포함한 채용 절차가 존재한다.

면접은 크게 대기업과 스타트업이나 중소기업의 방식으로 나누어 볼 수 있다.

대기업과 같이 회사의 규모가 큰 경우에는 신입사원 채용 절차가 입시 수준으로 복잡하고 체계적이다. 오랫동안 조직에 몸 담으며 일을 할 수 있는 분들을 채용하기 위해서 여러 가지 통계에 기반한 절차로 신입사원을 채용한다. 대기업은 회사의 인력 규모가 크기 때문에 다양한 분야의 사람들을 뽑아 적어도 2개월에서 4개월동안 교육을 시킨다(보통은 집합교육을 통해 정신교육부터 시작한다). 다시 말해서 어느 정도 기본 소양이 있는지를 보고 채용을 한다. 그리고 기업에 필요한 역량을 키울 수 있는 여러 커리큘럼들도 존재한다.

하지만, 중소 기업이나 스타트업의 경우는 대기업처럼 교육을 전담하는 부서나 담당자가 존재하는 경우가 거의 없다. 그래서, 채용을 하고나서 바로 현업에 필요한 업무와 관련된 내용들을 아주 짧고 굵게 교육시킨다. 이러한 이유로 웬만큼 역사가 있는 회사를 제외하고는 대부분의 중소 기업에서는 신입사원을 잘 채용하지 않는다. 만약 채용하더라도, 현업에서 바로 일을 할 수 있는 수준의 역량있는 인재들을 뽑으려고 하고, 대부분 연봉도 그리 높지 않다. 취업 준비생들이 대부분 대기업에 취직하려고 하는 이유이다.

몇몇 대기업은 한 사람에게 졸업 전과 졸업 후 두번 정도의 지원할 수 있는 기회만 제공한다. 이 때문에 요즘에는 대기업에 취직하기 위해 일부러 한 학기를 더 다니고 졸업을 하는 학생들도 적지 않게 존재한다. 그렇다고 중소 기업이 모두 신입사원들에게 불리하고 도움이 안 되는 것은 아니다. 생각보다 알짜배기 중소기업들이 많이 존재하기 때문에, 회사를 잘 선택해서 들어간다면 엄청나게 많은 역량 향상을 이룰 수 있고, 그러한 역량을 기반으로 나중에 여기 저기서 모셔가려고 경쟁하는 인재가 될 수도 있다. 당장 눈 앞에 보이는 연봉이나 회사의 명성을 너무 중요하게 생각할 필요는 없다. 내가 잘하면 겉으로 보이는 상황은 크게 중요하지 않다. 5년 10년 후를 생각하고 회사를 선택하고 일을 해야만 한다. 회사가 필요로 하는 인재가 되는 방법은 이 책의 주제와 약간 벗어나기는 하지만, 중간 중간에 최대한 많은 팁을 전달해 줄 예정이니 기대해도 좋다.

그러면 본격적으로 주로 어떠한 절차로 면접을 진행하는지 살펴보자.

신입사원 면접 절차

회사마다 신입사원의 입사 절차는 상이하지만 대부분의 회사는 다음과 같은 절차를 따른다.

1. 서류 전형
2. 코딩 테스트
3. 면접
4. 인적성 검사
5. 합격 통보
6. 입사 후 교육

이 책을 읽는 독자들은 대부분 이러한 내용과 관련된 인터넷상의 글이나 책을 한번 정도는 접했을 것이다. 그래도 처음 접하는 분들을 위해서 간단하게 각 항목에 대해서 살펴보자.

1. 서류 전형

말 그대로 제출한 "입사 지원서"를 바탕으로 평가를 하는 단계다. 정확하게는 회사의 규모가 크고 유명할수록(이름만 대면 아는 회사일수록) 이 단계 전에 한 가지 단계가 더 존재하긴 한다. 학점이 낮거나, 등록된 내용이 부실한지 등에 대해서 1차적으로 선별한 뒤 서류 전형을 볼 수도 있다.

2. 코딩 테스트

서류 전형이 끝나면, 코딩 테스트 단계로 넘어간다. 예전에는 이러한 단계가 거의 없었는데, 요즘에는 거의 필수처럼 자리 잡아 가고 있다.

IT 기업의 경우 온라인을 통한 코딩 테스트를 보는 경우도 많이 있다. 온라인 코딩 면접은 말 그대로 브라우저나 테스트용 프로그램을 사용하여 코딩 문제를 풀어 제출하는 방식이다. 이러한 면접 방식에 낯설다면, 이 책의 중간 중간에 소개하는 각종 사이트들을 활용하여 연습하는 것을 권장한다.

하지만 아직도 대부분의 회사에서 개발자를 채용할 경우에는 회사에 직접 방문하도록 하여 코딩 테스트를 실시한다. 쪽지 시험처럼 시험지에 코딩을 하는 경우도 있고, "1:1"이나 "1:다"로 한 명 이상이 지켜보는 상황에서 면접을 보게 된다.

3. 면접

코딩 테스트와 면접이 섞여 있는 경우도 있고, 그렇지 않은 경우도 있다. 대부분의 회사는 코딩 테스트와 기술 면접이 섞여 있다. 어차피 신입이기 때문에 기술적인 부분에 대한 면접을 자세하게 물어보지는 않겠지만, 어느 분야에 관심이 많고, 어떤 것들을 잘 알고 있는지를 확인하기 위해서 여러 가지에 대해 질문하고 답을 하면서 지원자의 역량을 확인한다.

그리고 일부 대기업의 경우는 그 회사만의 특수한 방식으로 면접을 보기도 한다. 1박2일 이상 합숙을 통해서 토론하고 이야기하는 것을 분석하면서 면접을 보는 회사도 존재한다.

4. 인적성 검사

대기업에서는 대부분 인성이나 적성 검사를 보는데, 이 검사들의 경우 비용이 들기 때문에 실무 면접에 통과한 분들에 한해서 실시한다. 회사에 따라 다르지만, 다른 면접을 다 통과하더라도 이 단계에서 떨어지는 경우가 적지 않게 발생한다. 대부분 있는 그대로 선택해서 답을 내면 통과하는데, 자기가 원하는 가식적인 사람을 내세워서 문제에 답변을 하면 떨어질 확률이 높다. 이러한 시험을 한번이라도 본 분들은 무슨 이야기인지 이해할 것이다.

이러한 인적성 검사가 시스템화 되어 있지 않은 회사는 대부분 임원 면접을 통해서 인성을 확인한다.

5. 합격 통보

지금까지의 모든 단계가 순조롭게 진행되었다면 합격 통보를 받게 된다. 하지만, 이게 끝이 아니기 때문에 마음을 단단히 먹고 회사에 입사해야만 한다. 합격 통보를 받는 순간 여러분들의 고생이 끝난 것이 아니라, 이제 막 사회 생활이 시작됨을 의미한다.

간혹 능력이 좋은 분들은 여러 대기업에 동시에 합격을 한 후에 고민을 하는 경우를 많이 봤다. 그럴 때마다 잘못된 선택을 하는 경우를 자주 본다. 잘못된 선택이라는 것은 본인이 하고 싶은 것, 해야 하는 것, 역량이 발전할 수 있는 방향에 따라 움직이는 것이 아니라, 더 유명한 회사, 더 돈을 많이 주는 회사를 선택하는 것을 말한다. 각각의 회사에 따라서 장단점이 있기 때문에 정답은 없지만, 본인의 역량이 더 발전할 수 있고, 더 인정받으며 일할 수 있는 회사를 선택하는 것을 권장한다.

참고 자동차 동호회나 온라인 카페에 문의를 올리는 것들을 보다보면, 차량의 종류나 색상에 대해서 어떤 것을 고르는게 좋을지 물어보는 분들이 있다. 대부분의 경우 본인의 마음 속에 답은 정해져 있을 텐데, 한번 더 확인 받고자 하는 생각이 강하기 때문이다. 그 차는 본인이 타고 다닐 차량이지 그 동호회 사람들이 타고 다닐 차량이 아니다. 회사를 선택해야 하는 경우도 마찬가지다. 내가 다닐 회사지, 다른 사람이 다녀줄 회사가 아니다. 만약 회사를 선택하는 데 있어서 썩 내키지 않는다면 가지 않는 것이 좋다. 적어도 그 회사에서 1년 이상은 다녀야 하므로 신중히 고민하는 것이 좋다.

온라인 취업 사이트나 회사 정보 사이트 등에 회사에 대한 각종 리뷰를 보고 회사를 선택하는 경우도 많다. 하지만, 그런 정보들은 대부분 퇴사한 사람들이 쓰는 글이고, 애사심이 많지 않은 사람들이 회사에 대해 안좋은 경험을 하고 나가면서 쓰는 경우가 많다. 회사를 선택하는 참고 자료로 활용을 해야지 그 내용을 전적으로 믿을 필요는 없다.

6. 입사 후 교육

입사 후에는 회사마다 기간은 다르지만 교육이 진행된다. 이때 교육 자체에 집중하는 것도 좋지만, 보다 많은 동료, 친구들을 만나서 오랫동안 좋은 관계를 가질 수 있도록 재미있게 즐길 것을 권장한다. 그렇다고 급여 받으면서 놀라는 얘기는 아니다.

경력사원 면접 절차

경력 사원의 면접 절차는 신입 사원의 면접 절차와 약간 다르다. 물론 회사마다 방식도 다르고, 국내 회사와 외국계 회사의 절차는 매우 상이하다. 외국계 회사는 일반적으로 다면 평가를 실시하며, 한국 지사의 직원 수가 적을 때에는 외국에 있는 직원이 전화나 영상 온라인 면접을 보는 경우가 많다. 보통은 여섯 번 이상의 면접을 실시한다. 하지만, 대부분의 한국 회사는 외국계 기업에 비해 면접 횟수가 적으며 다음의 절차를 따른다.

1. 서류 심사
2. 기술력 평가
3. 인성 면접
4. 연봉 협상 및 입사 시기 조율

신입사원보다 간단하지만, 경력과 기술적으로는 더 심도 있는 면접이 실시된다. 각 단계에 대해서 살펴보자.

1. 서류 심사

경력 면접자의 서류 심사에서 중점적으로 보는 부분은 회사마다 다르지만, 공통적으로 대부분의 회사에서 가장 중요하게 여기는 것 중 하나는 근속 연수다. 자의건 타의건 1년 이내의 근속 연수가 2~3회 지속된 경력을 갖고 있는 분을 채용하려고 하는 회사는 많지 않다. 왜냐하면, 해당 회사에 입사하더라도 그렇게 짧은 기간동안 업무를 한 후 퇴사할 확률이 매우 높기 때문이다.

만약 여러분이 실리콘 밸리에 있는 천재 개발자라서, 다른 사람들이 몇 달간 해결하지 못하는 것을 쉽게 해결할 수 있는 분이라면 근속 연수가 그다지 중요하지 않을 수도 있다. 하지만, 대부분의 한국 회사에서는 근속 연수가 짧은 분들을 그다지 좋아하지는 않는다.

경력상의 기간만큼 중요한 것은 회사에서 필요로 하는 기술과 지원자가 갖춘 역량이 얼마나 맞는지 여부다. 만약 PHP 기반의 개발 업무를 잘하면서 현재 회사에서 인정받고 있는 분이 Java 기반의 서비스를 개발하는 회사에서 채용할 확률은 극히 드물다.

2. 기술력 평가

기술력 평가는 대부분 면접을 통해서 이루어지는데, 사전 과제를 미리 제공하고 그 문제를 풀어 내는 것을 확인하는 회사도 존재한다. 추가로 기술적인 시험을 본 후 면접을 진행하는 회사도 있다. 대부분의 개발 회사라면 개발자를 채용할 때 코딩 면접을 실시하는데, 간혹 코딩 면접을 전혀 보지 않고 개발자를 채용하는 회사도 있다. 이전의 경력을 보고 어느 정도 코딩을 하겠지(?)라는 막연한 믿음으로 채용을 하는 것인데, 이렇게 되면 채용 후에 모두가 힘든 나날을 지내게 될 수도 있다.

3. 인성 면접

인성 평가의 경우 전문 기관에 맡기는 경우가 있다. 하지만, 이 경우에도 임원 면접을 통해 인성 면접을 실시한다. 여러 가지 상황에 대한 질문을 통해서 인성 면접을 실시하며, 사람마다 중요하게 여기는 부분이 다르기 때문에 같은 사람이라도 면접관인 임원에 따라서 서로 다른 결과가 나타날 수도 있다.

4. 연봉 협상 및 입사 시기 조율

정상적으로 모든 절차가 마무리되었다면, 마지막으로 연봉 협상 단계가 남아 있다. 대부분 회사마다 기존 연봉에서 올려줄 수 있는 연봉의 비율은 정해져 있다. 그런데, 그 비율을 아주 높여서 연봉 인상을 원한다면 아주 훌륭한 개발자/엔지니어라도 채용하기가 어려울 수도 있다. 그러니, 제발 연봉은 기존 연봉 대비 너무 높게 부르지 말자. 연봉에 대한 네고시에이션 (negotiation, 보통 네고라고 함)은 본인의 역량을 보여준 다음 해에 연봉 협상을 하면서 진행하길 권장한다. 면접 한두 시간 보고 연봉을 20% 올려 줄 수 있는 회사는 우리 나라에 많지 않다. 그리고 본인의 역량을 충분히 보여줬다면, 생각이 있는 임원이라면 어느 정도 합당한 연봉을 다음 해에 제시할 수도 있다. 물론 회사의 정책이라는 것이 있기 때문에 어느 회사나 한계는 있다.

정리하며

이 장에서는 신입과 경력의 면접 절차에 대해서 간단히 살펴봤다. 필자가 인사 전문가는 아니기 때문에 순전히 개발 조직을 운영하는 입장에서 내용을 정리해보았다. 앞으로 이 책의 내용은 지금까지 설명한 내용에 대해서 상세하게 다루게 되며, 지금 당장 이직을 생각하고 있지 않더라도 나중에 이직을 하게 될 때 반드시 필요한 역량들에 대해서도 정리가 되어 있기 때문에 끝까지 책에서 손을 놓지 말고 완독을 추천한다.

**서류 면접 후 필수 단계인
코딩 면접과 기술 면접**

준비는 잘 돼가?

감이 잘 오질 않아요.

 준비는 잘 돼가?

 나름 열심히 공부는 하고 있는데, 뭘 어떻게 공부해야 하는지 감이 오질 않아요.

 기술 면접을 잘 준비해야 해.
보통 신입 면접을 볼 때에는 경력이 없으니까 대학 때 제대로 배웠는지, 공부를 열심히 했는지를 보고, 경력 면접을 볼 때에는 경험 위주로 물어봐.

그러면 현재 다니고 있거나, 과거에 다닌 회사에서 별로 배운 게 없으면 어떻게 해요?

 그걸 면접에서 보는 거야. 왜냐하면 회사에서 필요한 기술력을 갖고 있느냐가 중요하거든.

 회사에서 필요한 기술이 먼지 어떻게 알아요?

 대부분의 회사에 있는 모집 요강을 보면 자격요건이 있거든. 거기에 다 적혀 있어.
그런데 너는 신입으로 면접 준비를 해야 하니까 그에 맞게 준비를 해야 해.

정상적인 순서대로라면 이력서를 쓰는 방법에 대해서 설명해 주는 것이 좋겠지만, 이력서를 쓰기 전에 기술적인 준비들이 먼저 갖추어져 있어야만 한다. 어차피 이력서는 입사 지원하기 바로 직전에 작성하기 때문에 서류 통과한 다음에 코딩 시험을 준비하면 너무 늦다. 그래서 미리미리 코딩 시험에 대한 준비를 해야만 한다.

온라인 코딩 시험

코딩 시험을 보는 방법은 여러 가지다. 온라인으로 코딩 시험을 보는 회사도 있고, 오프라인으로 코딩 시험을 보는 회사도 있다. 먼저 온라인으로 코딩 시험을 보는 것에 대해서 알아보자.

요즘은 온라인으로 프로그램을 작성하고 바로 실행해 볼 수 있는 시스템들이 다양하게 제공되고 있다. 따라서, 온라인 코딩 시험을 볼 수 있는 사이트 URL을 사전에 공유해 주고 특정 시간이 되면 동시에 온라인 시험에 접속하여 시험을 본다. 그러면 제한 시간 내에 코드를 작성하여 제출하면 된다.

예전에 이러한 사이트가 만들어지지 않았을 때에는 전화나 스카이프 (skype)상으로 통화하면서 온라인 코딩 시험을 보기도 했다. 면접관이 구글 워드와 같이 온라인으로 문서를 공유하는 사이트의 링크를 공유해주고 거기에 문제를 적어준다. 그러면, 거기에 코드를 작성하면 실시간으로 둘이 대화를 하면서 면접이 실시된다. 이렇게 면접을 실시하면 상대방이 어떻게 생각을 하고 있는지, 원격에서 코칭을 하면 어느 정도 이해를 하고 문제를 해결해 나가는지를 볼 수 있기 때문에 개발자를 채용할 때 매우 좋은 방법이라고 생각된다. 하지만, 채용하는 회사 입장에서는 전화로 지속적으로 직원 한 명이 한 시간 정도를 붙어서 봐 줘야 하기 때문에 오프라인 코딩과 큰 차이가 없을 수도 있다. 그래도 지원자 입장에서는 오고 가는 시간을 절약할 수 있어 좋다. 하지만, 행동이 아닌 말로만 상대방에게 나의 의사를 전달해야 하기 때문에 웬만큼 커뮤니케이션 능력이 좋지 않는 한 합격하기 어려울 수도 있다.

추가로 요즘 제공되는 온라인 코딩 면접 도구들은 1:1로 보는 것보다는 동시에 여러 명이 면접관 없이 같은 문제로 시험을 보기도 한다. 이러한 도구는 게임에서 리플레이(replay) 하는 것처럼 입력된 내용을 재생할 수 있는 기능들이 제공된다. 따라서, 여러분이 친구 코드를 복사해서 붙여넣기 하거나, 인터넷에 있는 코드를 복사해서 붙여넣기를 한다면 시험에서 탈락할 수도 있다.

게다가, 코드 복제 여부를 검증하는 도구들도 많이 발전했기 때문에 코드의 유사도가 매우 높을 경우 친구와 함께 탈락할 수도 있다. 하지만, 이렇게 보는 면접의 경우 회사 입장에서는 매우 불리할 수도 있다. 코딩을 잘하는 사람이 대신 봐 줄 수도 있기 때문이다. 만약 누군가가 온라인 코딩 면접을 대신 봐 줬다 하더라도 대부분 2차에서 떨어질 확률이 높으므로 본인의 역량을 키울 수 있도록 노력해 주기 바란다.

오프라인 코딩 시험

오프라인 코딩 시험을 치르는 방법도 여러 가지가 존재한다. 일반적으로 다음과 같이 3가지 방법을 제공한다.

- PC
- 종이
- 칠판(화이트보드)

회사의 자원이 충분하다면 PC로 면접을 보는 것이 지원자나 면접관에게 가장 좋다. 왜냐하면, 지원자는 본인이 익숙한 개발 도구를 사용하여 코드를 작성할 수 있어서 좋고, 면접관은 프로젝터나 회의실에 있는 TV를 통해서 실시간으로 지원자가 입력한 내용을 확인해 볼 수 있기 때문이다. 이 방법의 가장 큰 단점은 회사의 공간적인 여유가 많은 상황에는 면접을 위한 전용 회의실을 별도로 준비해서 PC나 노트북을 비치해 두면 되지만, 그렇지 않은 경우에는 면접 담당자가 매일 노트북을 들고 다니며 면접 준비를 해줘야 한다. 예전에 어떤 지원자가 전용 키보드를 들고 와서 면접을 봤던 경우도 있었는데, 이분은 1시간 면접 시간에 10분만에 면접을 포기한 적도 있었다. 본인은 인터넷이 안 되면 프로그램을 작성할 수 없다며….

PC를 제공하여 면접을 보는 대부분의 회사에서는 휴대폰을 보관해 주거나 인터넷이 안 되는 환경에서 코딩 면접을 봐야만 한다. 지금까지 아주 간단한 로직도 인터넷에 의존한 분이라면 최대한 연습을 해야만 이 과정을 통과할 수 있다.

가장 좋지 않은 방법은 종이로 코딩 시험을 보는 것이다. 코딩 면접을 보고 있는 동안에 면접관이 할 일이 없다. 얼마나 코드를 작성하고 있는지, 제대로 코드를 작성하고 있는지에 대해서 확인할 수 있는 방법이 거의 없기 때문이다. 대부분 마주 앉아서 면접을 보기 때문에 거꾸로 글씨를 읽을 수 있는 분들을 제외하고는 면접관은 할 일이 없다. 그리고, 종이 코딩을 위해서 샤프는 본인이 직접 준비하는 것을 권장한다. 코딩하다 틀리면, 지우개로 깨끗이 지워야 하니까.

마지막으로 일반적으로 많이 사용되는 화이트보드를 통한 코딩 면접이다. 화이트보드에 코드를 작성하게 되면, 면접관은 나의 뒤통수를 뚫리게 쳐다보고 있을 확률이 높고, 작성하는 코드 하나하나를 계속 확인해 볼 수 있다. 물론 몸으로 가리면서 작성하는 분들도 가끔 있는데, 옆으로 비켜서 보면 보이니까 너무 가리고 코드를 작성하는 것은 피해야만 한다.

지금까지 코딩 면접이 어떤 식으로 진행되는지에 대해서 간단히 살펴봤는데, 온라인이든, 오프라인이든 개발 툴로만 코딩 면접 연습을 하게 되면 실패할 확률이 매우 높다. 앞서 이야기한 대부분의 방법이 여러분이 작성한 코드를 바로바로 실행할 수 있는 환경이 아니기 때문이다. 그래서, 종이에 작성하는 연습을 하는 것이 가장 좋지만, 개인적으로 가장 좋은 방법은 아무런 코딩상의 오류를 지적해주지 않는 윈도우즈의 메모장에 코드를 작성하는 연습을 하는 것이다. 메모장은 하이라이트도 안 되고, 컴파일이나 실행도 할 수 없기 때문에 처음에는 매우 답답하겠지만, 나중에 언젠가 적응이 되면 개발 툴 없이도 쉽게 코딩할 수 있는 상태가 될 수도 있다.

메모장 연습과 종이 연습의 차이가 많은데, 메모장의 경우 코드의 위치를 마음대로 변경할 수 있지만, 종이는 여백이 충분하지 않은 한 썼던 부분을 지우고 다시 쓰는 일을 빈번하게 수행해야만 한다. 따라서, 종이로 푸는 연습을 많이 할수록 코드 한 줄이라도 생각을 더 많이 해보고 쓰는 연습이 된다.

기술 면접

일반적으로는 신입사원 면접을 볼 때 코딩 이외에 별도로 기술력을 확인하기 위한 기술 면접을 실시하지는 않지만, 주관식과 객관식으로 된 시험을 보는 경우도 있다. 그래서 기술적인 기본기들을 미리 닦아 두어야만 한다. 예를 들면 대학 학과에서 배우는 운영체제, 데이터베이스, 알고리즘 등이 여기에 속한다. 그리고, 대부분의 회사에서는 코딩 시험 결과를 리뷰하면서 기술적인 기본기가 얼마나 되어 있는지 질문을 통해 확인한다.

경력 면접의 경우 코딩의 비율이 30% 정도라면, 기술의 비율이 70% 이상을 차지한다. 다시 말해서 경력 개발자, 엔지니어로 면접을 보는 것이기 때문에 이력서에 적혀 있는 기술적인 경험을 직접 한 것인지, 아니면 그냥 어디서 들어본 것을 적어 놓은 것인지를 확인하는 단계라고 보면 된다. 대부분의 경력 면접자의 경우 여기서 대거 탈락한다. 회사에 따라서 다르지만, 기술 면접을 보면서 코딩을 보는 경우도 있고, 코딩 면접에 합격한 지원자에 한하여 기술 면접을 보는 경우도 있다. 이렇게 진행하면 많은 분들의 시간을 줄일 수 있기 때문이다.

기술 면접의 기본 팁

모르면 모른다고 하라!

간혹 기술 면접을 볼 때, 이력서에 이것저것 다 해봤다고 적는 분들이 있다. 본인이 사용해서 뭔가를 제대로 만들어 보지도 않고, Hello World와 for 루프 정도를 수행한 경험을 갖고 그 언어를 사용해 봤다고 하는 분들이 있는데 제발 그러한 언어들에 대해서는 이력서에도 적지 말고, 기술 면접 때도 이야기를 하지 않기 바란다. 어느 정도 기술력이 있는 회사라면, 기술 면접 시에 여러분 앞에 앉아 있는 분들은 지원자보다 그 분야의 전문가일 확률이 매우 높다. 하나의 질문을 하게 되면, 질문은 꼬리에 꼬리를 물게 되고 점점 깊은 지식을 물어보게 되어 있다.

예를 들어 어떤 지원자가 자바 언어에 대해서 본인의 능력을 "상, 중, 하"에서 "중"이라고 적은 경우를 생각해 보자. 사람마다 생각하는 레벨은 다르지만, 자바의 "중" 정도면 쓰레드를 능수능란하게 다루고, 관련된 API에 대해서 잘 알고 있어야 한다. 그냥 Thread 클래스와 Runnable 인터페이스를 알고 어떻게 사용하는지 정도의 수준이라면 "하"다. 그리고, ParallelStream을 사용하면 Stream과 어떤 차이가 있는지, 어떤 단점이 있는지 정도는 알아야만 "중"이다. 내가 지금 무슨 말을 하는지 모르는 분들은 본인의 자바 수준이 "하"라고 생각하면 된다. 그렇다고 걱정할 필요는 없다. 이 책의 뒷부분에서 이것들에 대해서 아주 기본적인 설명은 해 줄 예정이다.

검색 안해보면 못하는 것은 못하는 거다

간혹 질문을 하면 잘할 줄 안다고 하는 분들이 있다. 만약 여러분이 해당 내용에 대해서 검색을 하지 않고 설명을 할 수 없거나, 코드를 작성하지 못하는 수준이라면 제발 못한다고 이야기를 해야 한다. 면접관들은 여러분이 잘하는 것들을 최대한 끌어내서 장점을 보려는 사람들인데, 그 앞에서 본인의 수준을 모르고 잘한다고 했다가 못하는 것이 판명 나면 그것보다 마이너스되는 것은 없다.

예를 들어 네트워크 담당자를 채용하는 면접을 본다고 생각해 보자. 필자는 기술이나 인성 면접을 보더라도 네트워크 담당자에게 반드시 물어보는 것이 있다. OSI 7 Layer에 대해서 설명하고, 각 레이어의 특징 등에 대해서 물어본다. 네트워크 전문가라면 이 정도는 머리에 다 들어 있어야 하고, 이 질문에 제대로 답을 했다면 TCP State Diagram을 지금 그릴 수 있는지 물어본다. 만약 그릴 수 없으면, TCP State에는 어떤 것들이 있는지 확인해 본다. 만약 여러분이 네트워크 장비에 대한 기본적인 설치 지원만 했다면 이러한 질문들에 답하기는 쉽지 않았겠지만, 네트워크를 운영하면서 각종 장애 상황을 겪어보고 그 문제를 해결하기 위해서 치열하게 지식을 쌓아 왔다면 아마도 쉽게 대답할 수 있는 내용들일 것이다.

지하 100층에 인터넷이 안 되는 폐쇄망 시스템이 있는 IDC(서버들을 모아둔 건물이라고 생각하면 됨)에서 작업을 한다고 생각하면 이해가 쉬울 것이다. 해당 분야의 전문가라면 인터넷이 안 되는 이러한 환경에서도 문제를 해결할 수 있는 능력이 있어야만 한다.

긴장하지 마라

면접관들은 당신들을 뽑아주기 위한 사람이다. 회사에서 면접을 보는 이유는 그 분야에 사람이 필요하기 때문이다. 사람이 필요하지 않다면, 그 회사에서는 채용공고를 내지도 않았을 것이고 여러분이 그 면접장에 있을 필요도 없다. 그래서, 여러분의 장점을 최대한 뽑아 내려고 하는 분들 앞에서 긴장을 할 필요는 없다. 알면 안다, 모르면 모른다 솔직하게 대답하면 된다.

그래도 긴장은 되잖아요? 라는 분들이 있다. 사람이 긴장하는 이유는 자기 능력보다 잘보이려고, 잘하려고 하기 때문이다. 예를 들어 초등학생 조카에게 덧셈을 가르친다고 생각해 보자. 여러분이 긴장을 하겠는가? 만약 초등학생 한 반의 아이들에게 내가 하는 일, 나의 초등학교 생활을 이야기한다면 면접을 볼 때처럼 엄청 떨릴까? 개인차가 있겠지만, 자기가 자신 있는 분야에 대해서 누군가에게 설명을 하는 것은 매우 쉽고 긴장도 안 된다. 내 능력보다 잘 보이려고 하기 때문에 긴장이 되는 것이다.

하지만, 긴장을 하게 되면 알고 있는 것도 제대로 대답을 못한다. 너무 떨리면 청심환이라도 먹고 면접에 임해도 된다. 그 회사에 떨어지면 좀 어떤가? 이 세상에 회사가 하나만 있는 것도 아니고, 그것을 모른다고 해서 바보 멍청이라고 손가락질 할 사람은 아무도 없다. 그래서, 가급적이면 기회가 있으면 이직을 할 생각이 없더라도 이력서 작성과 면접은 1년에 한 번씩 보는 것이 좋다. 그래야 내가 부족한 것이 무엇인지 내가 얼마나 성장을 하고 있는지, 얼마나 가치를 인정받을 수 있는지를 무료로 컨설팅 받을 수 있는 좋은 기회가 된다.

정리하며

 이 장에서는 기술 면접을 위해서 준비해야 하는 것들에 대해서 간단히 설명을 해보았다. 여러분이 잘 모르는 내용들에 대해서 살짝 맛보기로 보여줬지만, 기를 죽이기 위해서, 잘난 척하기 위해서 그러한 내용들을 정리한 것이 아니고 실제 면접 시에 그런 것들을 물어본다. 면접관들은 지원자가 잘 알고 있다고 대답한 순간부터 깊숙이, 더 깊숙이 파고 들어 질문한다. 그러니, 솔직하게 이야기를 하는 것이 가장 좋다.

알고리즘이 인생의 전부는 아니잖아요~

학교에서 선배와 이야기를 하던 인재씨는 알고리즘이 중요하다는 선배의 이야기를 듣고 삼촌에게 메신저로 문의를 했다.

 삼촌, 시간 되세요?

 (10분 뒤) 어, 회의하느라 바로 못 봤네. 왜?

 선배가 그러는데, 알고리즘을 잘 해야 한다는데 그게 무슨 소리인지 잘 이해가 안 돼서요.

알고리즘? 알고리즘이 궁금하다는거야? 아니면 알고리즘을 잘 해야 한다는 게 궁금한거야?

 알고리즘 과목이 있어서 신청을 해 놓긴 했는데, 뭔지 잘…

 알고리즘은 수학 문제를 풀 때 계산 공식하고 비슷한거야. 문제를 해결하기 위한 방법이라고 생각하면 쉬워.

 교재를 살짝 봤는데, 엄청 어렵던데요.

 세상에 쉬운 것이 어디있겠냐?
하지만, 대부분의 웹 개발자는 생각보다 알고리즘을 그다지 많이 사용하지는 않아. 반드시 중요할 때 필요하게 되지.
가장 많이 사용하는 알고리즘 중에 하나가 정렬 알고리즘이지.

 아 ~ 쏘팅! 그건 알아요. 그런데, 알고리즘 문제들을 다 풀어야 해요?

 아주 똑똑한 개발자들은 웬만한 문제들은 다 풀지. 하지만, 알고리즘 문제는 개발자의 기본 수준을 보는 것이고, 그것보다 알고리즘 면접을 보는 더 중요한 이유가 있어~

 더 중요한 이유요?

 어. 잘 들어봐~~~

개발자인지 아닌지

코딩 면접의 핵심 중에 하나는 알고리즘이다. 하지만, 코딩 면접을 보면서 알고리즘 문제를 내는 이유 중에 그것을 해결할 수 있는지를 보는 것은 10~20% 정도밖에 안 된다. 간혹 알고리즘을 매우 잘 풀어내는 분들도 있는데, 알고리즘 공부를 조금만 해도 대부분의 개발자가 풀어낼 수 있는 쉬운 문제를 내기 때문이다. 다시 말해서 코딩 면접에서 알고리즘을 얼마나 공부했는지를 보기 위함이지, 잘하는지를 보는 것은 아니다. 게다가, 알고리즘 문제를 풀어보면 자신 있는 개발 언어에 대해 얼마나 잘 알고 있는지도 확인할 수 있다.

솔직히 알고리즘은 2~3개월만 공부하면 웬만한 문제는 풀어낼 수 있다. 요즘은 초등학생들도 코딩 교육을 받기 때문에 초등학생들이 여러분보다 알고리즘을 잘하는 경우가 있을 수도 있다. 하지만, 가장 중요한 것은 코딩 문제를 해결하는 과정이다. 이 과정에서는 다음과 같은 내용들을 살펴본다.

- 기초 문법은 아는가?
- 해당 언어에 대한 이해도가 높은가?
- 개발에 대한 센스가 있나?
- 얼마나 문제를 잘 이해하고, 해결하기 위해 노력하는가?

이렇게 나열만 하면 너무 추상적으로 보일 수 있으니 자세하게 살펴보자.

기초 문법은 아는가?

알고리즘 문제를 해결하는 데 필요한 개발 언어에 대한 지식은 대부분의 책의 앞에 있는 10개 장에 있는 내용만 달달 외워도 되는 정도다. 알고리즘 문제는 연산이 중요하기 때문에 +나 −와 같은 "연산자", if와 같은 조건문, while이나 for와 같은 반복문만 알고 있으면 대부분의 문제를 해결할 수 있다.

해당 언어에 대한 이해도가 높은가?

만약 문제가 보다 복잡한 경우에는 자바의 Collection에 해당하는 자료구조를 알고 있어야 풀 수 있는 문제들도 존재한다. 그리고, 개발 언어마다 저마다의 명명규칙과 같은 코딩 컨벤션(Coding convention)이 존재한다. 이러한 규칙을 지키지 않으면 대부분 협업을 하면서 일을 하는 개발 조직에서는 같이 일하기 힘들다.

개발에 대한 센스가 있나?

경력 개발자의 경우는 앞에서 이야기했듯이 알고리즘을 많이 사용하는 것이 아니다. 그냥 어떤 알고리즘이 있는지 알고, 그것을 책을 보고 활용할 수준만 되어도 훌륭한 개발자라고 할 수 있다.

그래서 문제를 100% 해결할 수 있으리라 생각하고 제출을 하는 것이 아니기 때문에 한 5분에서 10분 정도 지나서 힌트를 요청할 수도 있다. 물론, 한

줄도 안 쓰고 힌트를 달라고 하면 그냥 집에 가라고 하지 힌트를 주지는 않을 것이다. 만약 힌트를 주었는데도 문제를 풀지 못한다면, 면접관의 입장에서는 좋은 점수를 주기는 어려울 것이다.

얼마나 문제를 잘 이해하고, 해결하기 위해 노력하는가?

　사람마다 문제 해결 능력은 다르다. 어떤 사람은 쉽게 해결할 수 있는 것을 다른 사람은 매우 어렵게 접근해서 어렵게 풀려고 하는 경우도 많이 봐 왔다. 하지만, 해결을 어떻게 하는지보다 여러 방법을 생각해 보면서 문제를 해결하려고 노력하는 것이 더 좋게 보일 수 있다. 무엇보다도 문제를 받으면 문제를 잘 이해해야만 한다. 문제를 제대로 이해하지 않고 자기 나름대로 해석을 해서 풀어 나간다면, 앞으로 일을 할 때에도 모든 요구사항을 자기만의 방식으로 분석해서 시스템을 개발해 나갈 확률이 엄청나게 높다(실제로 그런 개발자들이 적지 않다).

　예를 들어 3과 5의 배수를 from과 to 사이의 숫자들 중에서 찾아서 출력하라는 프로그램을 작성한다고 생각해 보자. 그런데, 여러분이 문제를 잘못 이해해서 3이나 5의 배수를 찾아서 출력했다면, 아무리 코드를 간결하고 잘 작성했다고 하더라도 원래 원하는 요구사항에 전혀 맞지 않는다. 만약 여러분이 채용을 담당하는 분이라면 이러한 개발자를 뽑을 것인지 한번 생각해 보면 이해가 쉬울 것이다. 간혹,

"어쩌다가 저럴 수도 있지…",

"너무 긴장해서 문제를 잘 못 봤네요…"

라고 할 수도 있다. 보통은 이러한 경우에 추가 문제를 제공해 준다. 하지만, 호랑이 굴에 들어가도 정신만 차리면 살 수 있다는 속담처럼 면접을 볼때에 긴장하지 않고 문제를 해결하는 것도 매우 중요하다.

기본이 되어 있는가?

앞절에서는 면접을 보는 지원자의 자질에 대해서 간단하게 살펴봤다면, 이번에는 코딩 면접을 볼 때 면접관의 관점에서 어떤 부분을 중점적으로 보는지 알아보자. 필자가 상세하게 살펴보는 사항들은 다음과 같다.

- 메소드 이름 선언
- 변수명 선언
- 테스트에 대한 개념은 있는가?
- 커뮤니케이션 스킬

물론 사람에 따라서 별것 아니라고 할 수 있다. 하지만, 신입이든 경력이든 준비가 되어 있지 않은 사람을 채용하면 회사의 생산성에 큰 악영향을 줄수 있기 때문에 기본이 잘 닦여 있는 것은 매우 중요하다.

메소드 이름 선언

대부분 코딩 면접을 볼 때 메소드의 이름을 function이나 test, check과 같이 무슨 역할을 하는 프로그램인지 알 수 없게 작성을 하는 분들이 있다. 이렇게 작성한 분들이 하는 대답은 거의

"시간이 없어서…",

"너무 긴장해서…",

"별로 중요하지 않은 것 같아서…",

"이게 뭐 중요한가요? !!!!!!"

중 하나일 것이다.

현업에서 실제 개발할 때 시간적 여유가 많은 상태에서 일을 하는 경우는 거의 없다. 코딩 면접 시 이렇게 메소드 이름을 지정하는 분들은 다음에 설명하는 변수명을 지정할 때에도 거의 동일하게 문제가 발생할 확률이 높다.

변수명 선언

변수 이름을 지정할 때,

a, i, j, str, cnt, num

과 같이 지정해서 코드를 작성하는 경우가 매우 많다. 실제로 운영되는 코드도 이렇게 작성하는 분들이 많다. "뭐 알아먹으면 되는거지 …"라는 분들도 있는데, 나는 이런 분들과 별로 같이 일하고 싶은 생각이 없다.

a는 도대체 뭘까? 이 책을 읽는 분들 중에서 a라는 단어를 보고 어떤 역할을 하는 변수인지 인지할 수 있는 분들이 있을까? 만약 input이라고 변수명을 바꿔 보면 어떨까? 그러면 많은 분들이 "아 ~ 입력값이구나"라고 생각할 수 있을 것이다. 코드는 누가 보더라도 쉽게 이해할 수 있게 작성해야만 한다.

str보다는 string이 더 낫고, cnt보다는 count가, num보다는 number가 더 낫지 않은가? 너무 꼰대라고 생각될 수도 있지만, 몇 번째 이야기하지만, 혼자서 개발하고 운영하는 코드라면 그렇게 작성해도 된다. 하지만 회사에서는 대부분 여러 사람이 같이 개발한다.

테스트에 대한 개념은 있는가?

기본적으로 테스트에 대한 개념이 있으면 보다 많은 점수를 획득할 수 있다. 왜냐하면 대부분의 회사에서는 테스트 코드 작성을 필수로 하고 있기 때문이다. 뭐 나는 TDD(Test Driven Development)를 잘하는데? 라고 생각한다면 테스트와 관련된 이야기를 본인이 꺼내면 된다.

그리고, 테스트를 본인이 잘 작성한다면 테스트 케이스를 잘 뽑아낼 수 있는지도 생각해 봐야만 한다. 그렇다면, 어떻게 하면 테스트 케이스를 잘 만들었다고 소문을 낼 수 있을까? 테스트 케이스는 가장 적은 케이스로 해당 프로그램이 완벽하게 동작할 수 있는지를 확인해 볼 수 있도록 만들면 된다.

만약, 1부터 n까지의 숫자를 더하는 프로그램을 만든다고 했을 때, 매개변수로 n이라는 값을 입력 받는다고 생각해 보자. 이 n이라는 값이 가지는 값은 일반적으로는 1부터 해당 숫자 타입의 가장 큰 숫자까지일 것이다. 하지만, 일반적이지 않을 때에는 0이나 음수도 입력될 수 있다. 이와 같이 가능한 모든 값들을 테스트 케이스로 만들어서 본인이 작성한 코드가 완벽하다는 것을 보여준다면, 면접관의 눈에 하트가 뿅뿅 생길 수도 있다.

커뮤니케이션 스킬

마지막으로 커뮤니케이션 스킬이다. 코드를 혼자 쭉쭉 적어나가는 것도 좋지만, 본인이 문제를 이해한 내용에 대해 리뷰를 받고, 본인이 생각하는 코드의 방향도 이야기하고, 다 작성한 다음에 이러 이러한 과정을 거쳐서 작성했다고 어필하는 사람이 훨씬 더 많은 점수를 받을 수 있다.

면접 시에 코딩 면접을 보는 면접관은 대부분 앞으로 여러분과 같이 일할 팀장이나 팀원일 확률이 매우 높다. 그런데, 코딩을 잘한다고 질문한 면접관을 당황하게 만들거나, "그런 것이 뭐가 중요합니까?" 와 같은 이야기를 하는 사람을 채용할 사람은 그렇게 많지 않다. 코드를 잘 작성하는 것이 개발자의 기본 소양이기도 하지만, 커뮤니케이션이 잘 되는 것도 매우 중요하다. 보통 스타트업에서는 "핏(fit)"이라는 용어를 많이 사용한다. 보통 한글로 "결"이라고도 한다. 회사만의 문화가 있고, 회사 내에서는 팀마다의 문화가 있다. 아무리 잘나도 팀원들과 어울리지 못한다면 탈락할 확률이 매우 높다.

얼마 전 면접을 봤을 때 본인의 단점을 이야기하라고 했는데, 그 지원자의 경우 "난 모든 것을 잘한다. 단점이 없는 것이 단점이다."라는 분이 있었다.

기본적인 기술 능력은 평균 정도였고, 스펙도 좋은 분이었지만, 그 팀의 팀장은 "절대 이 사람을 뽑으면 안 됩니다. 팀 분위기 엄청 안 좋아질거에요"라며 엄청나게 반대를 해서 면접에서 탈락한 경우가 있다. 면접 볼 때 한 마디 한 마디가 매우 중요한데, 그것은 연습한다고 되는 것이 아니라 면접을 보는 시점까지 살아가면서 몸에 베어 있는 습관이기 때문에 쉽게 고칠 수는 없다. 그래서, 정신 건강을 위한 각종 책을 틈틈이 읽는 것도 추천한다. 그 중에서 일반적으로 많이 추천하는 책은 카네기의 《〈인간 관계론〉》이다.

정리하며

이 장에서는 코딩 면접 시에 유념해야 하는 여러 가지 사항들에 대해서 살펴보았다. 무엇보다도, 중요한 것은 알고리즘 책 한권을 공부해서 본인의 역량을 키우는 것이지만, 그보다 더 중요한 것들을 알아보았다. 다시 한번 말하지만, 알고리즘은 코딩 면접을 위해서 필수로 익혀야만 하는 것이지 코딩 면접의 전부는 아니라는 점이다.

누가
IT시장 취업에
성공하는가

신입 경력 지원자와 면접관을 위한 지침서

chapter 02

이력서는 어떻게
준비하는가

시간이 정말 빨리가네요. 엊그제 대학 입학한 것 같은데,
벌써 4학년이라니. 이제 본격적으로 취업 준비를 해야 할 때입니다.
제일 먼저 이력서를 어떻게 써야 할지 벌써부터 고민입니다.
저학년 때부터 차곡차곡 이력을 쌓아오긴 하였는데,
어떻게 하면 잘 어필할 수 있을지 걱정입니다.

2-1 이력서 준비하기

삼촌,
이력서란 무엇일까?

이제 4학년이 된(시간 순삭) 인재씨는 이력서를 미리 준비하고 있다.

이력서를 처음 쓰다 보니, 이력서와 관련된 책도 사서 보고 있는데 너무 이해가 되지 않아 삼촌에게 메일로 문의를 했다.

발신 : 신인재

수신 : 고온대

제목 : 이력서 쓰는 법이 궁금해요.

내용 :

삼촌 ~ 잘 지내시죠 ?

이력서 쓸 때 뭐가 제일 중요한가요?

약 이틀이 지난 후 삼촌에게서 장문의 답변이 왔다.

발신 : 고온대
수신 : 신인재
제목 : RE: 이력서 쓰는 법이 궁금해요
내용 :

이력서 쓸 때 중요한 것?
먼저 오타가 없어야 하고… ㅎㅎㅎ
넌 경력 이력서를 쓰는 게 아니라, 신입 이력서를 준비할 거 아니야?
어차피 대기업들은 대부분 입사지원서를 입력하는 시스템이 있어. 거기에 잘 풀어서
쓰면 되긴 하는데… 내가 예전에 생각을 정리해 놓은 문서가 있는데 한번 볼래?

신입이나 경력이나 공통적으로 준비해야하는 것들

영어는 기본 중에 기본

이력서를 쓰기 전에 미리 공통적으로 준비를 해야 하는 것들이 있다. 특히
IT 분야에 입사를 했을 때에는 더더욱 중요한 것이 하나 있는데, 바로 영어다.

"영어는 나랑 안맞는데?", "요즘 시스템이 어떻게 되어 있는데, 웬만한 것
은 자동으로 다 번역이 되는 그런 시대에서 무슨 영어?"라고 하는 분들도 있
을 것이다. 하지만, 현재 IT를 이끌어가는 대부분의 사이트는 기본적으로 영
어로 되어 있고, 간혹 우리나라에서 만든 것은 한글로 되어 있기도 하다. 앞

으로 IT 분야에서 일을 하고 싶다면, 50살이 넘어서까지 지속적으로 본인의 기술력을 발전시키면서 살아야 한다. 그렇지 않고, 신입 때나 젊을 때 배운 기술을 바탕으로 살아가려고 한다면, 그 기술은 5년이나 10년 후에 어떻게 될지 아무도 모른다. 그리고, 기술을 보다 빠르게 익히려면 영어를 공부해야만 한다.

요즘은 아무리 영상으로 학습을 하는 시대라고는 하지만, 기술적인 내용을 제대로 빠르게 익히려면 아직까지는 웹 페이지를 통해서 습득하는 것이 가장 좋다. 그런데, 아주 핫한 기술이 아닌 이상 새로운 기술에 대해서 한글로 검색을 하면 10개 중 8개는 하나의 글을 퍼 나른 것들이 대부분이다. 추가적인 지식을 얻기에는 매우 부족하다. 그래서, 영어로 검색을 하는 것을 습관화해야만 하고, 그 내용을 바로 이해할 수 있는 정도의 수준은 되어야만 한다.

그리고, 요즘은 글로벌 시대이기 때문에 외국에 있는 엔지니어나 한국에서 일하는 한국어를 잘 못하는 외국인 엔지니어와 이야기할 기회도 있다. 그럴 때, 영어를 할 수 있는 것과 하지 못하는 것은 큰 차이가 있다. 누군가 옆에 영어 잘하는 사람을 끼고 있어야 하고, 심리적인 부담감이 말로 못할 정도로 심할 수도 있다. 그래서, 아주 기본적인 말하기와 듣기는 할 줄 아는 것이 좋다. 이렇게까지 영어를 공부하라고 하는 필자도 그다지 영어를 잘 하지는 못한다. 보통 서바이벌 잉글리시라고 하는 아주 기본적인 수준의 영어를 하는데 이 정도로는 외국계 회사에 합격하기는 쉽지 않다.

자기 소개

면접을 볼 때에는 항상 자기를 소개할 시간이 있다. 자기 소개 시간은 면접에서 가장 중요하다. 왜냐하면 첫 인상을 결정짓는 첫 대화 주제가 대부분 "자기 소개"나 "본인 소개" 시간이기 때문이다.

너무 내가 잘났다고 자랑할 필요는 없지만, 나의 장점을 최대한 부각시킬 수 있도록 이야기를 준비하는 것이 중요하다. 보통 3분에서 5분의 시간을 주는데, 본인의 가정 환경이나 살아온 지역 등을 이야기하는 것은 오히려 감점이 될 수 있고, 본인이 가장 잘하는 것은 무엇이고, 어떤 전공을 했으며, 왜 이 회사에 지원을 했는지 등에 대해서 일목요연하게 말할 준비를 하는 것이 좋다. "아무 생각 없이 뭐하는 회사인지도 모르고 지원했는데 일단 불러줘서 고맙다."라고 이야기하면 좋아할 면접관은 아무도 없다.

이 자기 소개를 할 내용을 잘 정리해 보면, 나중에 자소서(자기 소개서)를 쓸 때 많은 도움이 된다. 그렇지 않으면, 중구난방으로 적혀있는 문서가 될 뿐이다. 그래서, 내가 면접에 들어가서 가장 먼저 이야기할 자기 소개서는 매우 중요하다.

이력서는 1년에 한 번씩 쓰자

고수들의 특징 중 하나는 본인의 단점을 잘 알고 있다는 것이다. 하수일수록 본인은 뭐든지 잘 할 수 있다는 근거 없는 자신감에 빠져 있다. 벼는 익을수록 고개를 숙인다는 옛 속담은 그냥 나온 것이 아니다. 그렇다면, 나의 장단점을 빠르게 파악하려면 어떻게 해야 할까? 가장 좋은 것은 이력서를 써 보는 것이다. 이력서를 쓰면 내 장점이 뭔지가 확연하게 드러나기 때문이다. 그렇다고 이력서를 매달 쓸 필요는 없고 1년에 한 번 정도 쓰는 것을 권장한다. 대학생의 경우 1학년 때에는 보통 교양 과목을 배우므로, 2학년 말부터 한 번씩 써보자.

경력으로 이직하려는 분들의 경우도 마찬가지로 이력서를 1년에 한 번씩 갱신하는 것을 권장한다. 그래야, 그 회사에 계속 있어야 하는지, 회사를 옮겨야 하는지 정할 수 있다. 만약 이력서를 썼는데 작년과 다른 것이 없다면, 심각하게 그 회사에 계속 다녀야 하는지 고민해 봐야만 한다.

필자가 10년차를 갓 넘겼을 때 있었던 팀에서는 본인이 상반기에 할 일을 적어서 제출해야 했다. 그래서, 이것 저것 해야 할 일들을 적어서 제출했는데, 팀장님에게서 답변이 왔다.

"○○하는 업무 말이죠. 본인의 역량 향상이 되는 일이 아니고, 본인의 의지가 전혀 없다면 하지 않아도 됩니다. 만약 하기 싫으면 내가 CTO님께 이야기를 할테니 의사를 전달해 주세요."

물론 대부분의 조직장이 이렇게 구성원들의 발전을 생각해주지는 않는다. 만약 여러분과 같이 일하는 상관이나 조직장이 본인을 부려먹기만 한다고 해도 너무 낙담할 필요는 없다. 그 분들도 그러고 싶어서 그런게 아니라 사회생활을 그렇게 배웠기 때문에 후배들의 역량을 발전시키는 것이 매우 중요하다고 생각하지 못하는 것이다. 회사에 따라서는 실제로 살펴보면 그다지 대단하지도 않고 중요하지도 않은 것을 아주 대단한 것처럼, 중요한 것처럼 여기고, 자기 밥그릇이라고 절대 가르쳐주지도 않는 조직도 있을 것이다. 그런 곳에서 일하고 있다면 본인의 역량을 빨리 키워서 가급적 빨리 그 곳을 탈출하는 것을 권장한다.

필자는 시작부터 사회생활을 대부분 대기업에서 해왔지만, 4년차가 되었을 때부터 프리랜서처럼 살아왔다. 내 업무의 일정을 내가 관리하고, 필요에 따라서 협의가 필요한 것들은 협의하고 조정해 왔다. 회사에서 주어진 업무와 상황에 따라서 이렇게 일하는 것이 분명 쉽지는 않겠지만, 본인에게 일이 주어졌을 때 아주 작은 일이라도 일정을 잘 관리하고, 본인의 역량을 지속적으로 키워가는 것은 매우 중요하다. 그렇지 않으면, 갑자기 일들이 폭포수처럼 쏟아졌을 때 감당하지 못할 수도 있다. 이력서 이야기를 하다가 잠시 옆으로 샜는데, 다시 본론으로 돌아가 보자.

신입 지원자가 유념해야 할 것들

대기업의 경우 어떤 기준을 갖고 서류 면접을 통과하는지는 인사팀만이 알고 있다. 수많은 지원자들의 서류 중에서 기준을 갖고 필터링을 한 이후에 현업 담당자에게 서류 검토 요청을 한다. 이 지원 서류에는 여러분의 학교, 학점, 출신 지역들은 모두 선입견이 될 수 있기 때문에 인사팀에서 해당 내용들은 가리고 서류 면접이 진행된다. 그래서, 우리나라 가장 상위권에 있는 대학을 졸업하더라도 서류 면접에서 떨어지는 경우가 충분히 발생할 수 있다(물론 학벌이 인생의 전부는 아니다!).

서류 면접을 하루에 몰아서 보는 것이 일반적이며, 이 경우에 대부분 비슷한 내용들도 많이 있다. 어떤 점들을 유념해야 하는지, 필자의 기준으로 탈락시키는 경우를 간단히 살펴보자.

자소서는 잘 쓰자

베끼지 마라

어떤 지원자 친구는 엄청 운이 없었던 경우가 있다. 나에게 30명 정도의 서류 리뷰를 인사팀에서 주었는데, 두명의 내용이 완전히 동일한 것을 발견했다. 그래서, 인사팀에 일 좀 정확히 하시라고, 왜 복사도 제대로 안해서 중복되게 파일을 정리해 주냐고 뭐라고 했던 적이 있다. 그런데, 20분 정도 뒤에 인사팀에서 오더니, 서로 다른 분이라는 결과를 통보받았다. 이러한 경우에, 아마도 그 두 분은 앞으로 아무리 능력이 출중하더라도, 그 그룹의 어떤 계열사에 지원을 하더라도 아무런 통보가 안올 수도 있다. 이력서와 자소서를 공유해 준 그 친구랑 죽을 때까지 같이 살 것인가? 그렇지 않다면 친구 자소서를 그대로 복사해서 내는 것은 나에게도 불이익이지만, 제공해준 친구에게도 불이익이 된다는 점을 반드시 기억해 주기 바란다.

제발 회사 이름은 잘 쓰자

대부분의 대기업들이 비슷한 시기에 면접이 진행된다. 하지만, 보다 많은 지원율을 위해서 약간 면접 일정을 다르게 하는 경우도 존재한다. 그러면, 하나의 이력서 내용을 갖고 여러 회사에 돌려쓰는 경우가 존재하는데, 그러다 보면 문서에 회사 이름을 명시할 때가 간혹 있다. 복사해서 붙여 넣으려면 회사 이름이라도 제대로 표시해 놓고 나중에 바꾸기를 적용해야 하는데, 급하게 제출을 했는지 S사에 지원을 하면서 "제가 H사에서 기회를 주신다면 열심히…"라고 쓰는 경우가 간혹 있다. 이런 분들은 솔직히 통과를 시켰다가 나중에 면접 보는 면접관에게 혼날 수도 있다. 그래서 대부분 탈락 처리가 된다.

개발 동아리 활동을 하면서 뭘 했는가에 대해서 자세하게 쓰면 붙을 확률이 높다

요즘은 스타트업 동아리와 같이 각종 개발 동아리 활동을 학교를 다니며 많이 참여한다. 다음의 두 가지 상황을 비교해 보자.

A: 저는 에어포스라는 개발 동아리에서 무인 포스를 하나 만들어서 출시해 봤습니다. 이 동아리 활동을 하면서 무인 포스가 어떤 것인지 상세하게 알 수 있었습니다.

B: 저는 스카이포스라는 개발 동아리에서 무인 포스를 하나 만들어서 출시해 봤습니다. 저는 화면 부분을 담당했으며, 최신 기술인 Vue.js를 사용할지 .Net 기술을 사용할지에 대해서 동료들과 많은 논쟁을 했었고, 결론적으로 사용자의 편의성을 위해서 .Net을 활용하여 개발하기로 결정을 했습니다. 그래서, .Net으로 화면을 구성하는 것은 누구보다도 잘 할 자신이 있습니다.

그냥 길이상으로 B 지원자의 내용이 길어서 더 좋게 느껴질 수도 있겠지만, 본인이 해당 프로젝트에서 어떤 역할을 수행했고, 거기서 어떤 것을 배웠으며, 그것을 하면서 갈등은 없었는지, 그 갈등은 어떻게 해결했는지를 적어주는 것이 좋다. 보통 3명이 넘는 사람들이 하나의 토이 프로젝트를 진행할 경우 그 중에 한 명은 놀면서 그냥 이름만 올리는 경우가 있다. 그래서, 어떤 프로젝트를 진행했다면 그 내용에 대해서 상세하게 올려주는 것이 좋다.

개인 프로젝트 포트폴리오

누가 시킨 것인지 모르겠지만, 학원에서 코딩을 배운 분들 중에서 본인의 포트폴리오를 열심히 캡처해서 지원을 하는 경우가 종종 있다. 만약 안드로이드나 iOS와 같이 모바일 개발자나 웹 화면 개발자인 프론트엔드 개발자가 이렇게 정리해서 올린다면 관심있게 볼 수도 있다. 그런데, 서버단 개발을 하는 백엔드 분야로 지원한 개발자가 이런 스크린 샷으로 도배되어 있는 페이지들을 첨부파일로 올리는 것은 국가의 네트워크 및 저장소를 낭비하는 것이라고 생각한다. 그냥 차라리 개인 프로젝트의 깃헙 링크를 올리는 것이 백만 배 낫다. 그리고, 그 깃헙에는 제발 본인이 만든 코드만 올려주기 바란다. 추가로, 면접을 보기 전에는 develop 브랜치에 있는 내용들은 main(예전 master) 브랜치로 병합해 놓는 것을 권장한다.

적어도 2학년부터는 나의 강점을 하나라도 만들자

대학 생활을 하면서 나의 강점을 만들기는 매우 어렵다. 일단 뭘 해야 하는지도 잘 모르는 상황이기 때문에, 본인에게 조언을 해 줄 수 있는 사람에게 조언을 얻는다. 그런데, 조언을 해 줄 수 있는 사람이라고 해봤자 본인이랑 학교를 잠시라도 같이 다닌 사회생활 5년차 미만의 선배들일 것이다. 그 선배들의 이야기를 전적으로 믿고 따르다가는 여러분의 IT 인생이 적성과는 다르게 진행될 수 있기 때문에 여러 분야에 있는 여러 사람의 이야기를 들어보는 것을 권장한다. 주변에 그렇게 조언해 줄 분들이 없으면, 기술 중심의 개발회사의 경력 채용 공고를 보면 어떤 분야의 일들이 있고, 어떤 역량이 필요한지 상세히 적혀있으니 그 내용을 참고하면 된다.

IT 분야에서 하는 일은 매우 다양하다. 크게 개발, 보안, 인프라, 테스트, 운영 등으로 나뉜다. 이 중에서 필자는 IT 분야에서 계속 살아나가기 위해서는 초기에 개발을 하고 나서, 보안, 인프라, 테스트, 운영 등으로 본인의 적성에 따라 찾아가는 것을 권장한다. 여러분이 어떤 일을 하더라도 개발 역량이 있는 것과 없는 것은 완전히 천지차이다.

추가로 개발도 개발 언어에 따라서, 어떤 기능을 만드느냐에 따라서 필요한 역량들이 다르다. 화면단을 만드는 프론트엔드 개발이 있고, 서버에서 데이터를 다루는 백엔드 개발도 있다. 쉬운 일은 없지만, 각각의 개발 분야에 따라서 장단점이 있으니 내가 하고 싶은 일은 직접 사회생활을 하면서 정해도 늦지는 않다. 만약 그런 경험을 해보고 싶다면 요즘은 많은 기회가 열려있다. 개발 동아리에 들어가는 것도 그 중 하나이며, 마음이 맞는 친구들과 같이 해커톤을 참여하는 것도 좋다.

해커톤(hackathon)이란?

해킹(hacking)과 마라톤(marathon)의 합성어로 개발자, 기획자, 디자이너들이 한 팀을 이루어 하나의 시스템을 만들어 내는 행사를 의미한다. 보통 아침부터 다음날 오전까지 준비해서 오후에 발표하는 밤샘 개발 행사를 뜻한다. 대부분 기업이나 공공기업에서 진행하기 때문에 참가비도 없고 먹는 것도 다양하게 제공해 주며, 개발자는 치킨이라는 대부분의 주최측의 (단순한?) 생각으로 야식으로 치킨과 피자를 제공해준다. 게다가 제대로 된 것을 만들어 냈다면 우승 상금도 두둑이 받을 수도 있다. 거의 젊은 분들이 참석하는 것이 일반적인데 간혹, (나이 지긋한 분들이) 본인의 사업 계획을 갖고 와서 그 내용을 발표하는 분들이 있다. 이 경우 필자가 심사위원으로 참석했을 때에는 그런 팀에는 최하점을 준다.

정리하며

신입을 위한 이력서를 쓰는 방법을 간단히 정리해 봤다. 이력서라는 것이 정답은 없지만, 성심 성의껏 본인이 수련해 온 내용을 잘 정리하면 그 글을 읽는 면접관도 지원자의 마음을 읽을 수 있을 것이다.

이력서 준비하기
-경력 이직을 준비하는
분들을 위한 심화

이력서를 준비하던 인재씨가 경력 3년차인 선배와 함께 삼촌회사 근처로

놀러간 김에 커피를 사달라고 졸라서 카페에서 만났다.

 삼촌. 저희과 선배인데. A○○라는 회사를 다니고 있어요.

 안녕하세요? 이야기 많이 들었습니다. 나잘난이라고 합니다.

 오~ 기억이 잘되는 이름을 갖고 계시네요.
그런데 무슨 일로???

제가 3년차이긴 한데, 회사가 연봉도 적고, 야근도 많고, 분위기도 군대같은 분위기고 해서 이직을 할까 생각 중이거든요. 그런데, 이직이 처음이라서…

 원래 처음 이직할 때가 가장 힘들어요. 물론 이직 자체가 쉽지는 않지만요.
이력서는 쓰셨어요?

 제가 경력 이력서를 써본 적이 없어서요.

 신입과 경력 이력서는 좀 많이 달라요.
게다가 경력 면접을 볼 때에는 해 보지도 않은 것을 적어 놓는 사람이 많아서. 시간 되면 제 이야기를 잘 들어 보세요.

점원: 손님, 라떼 나왔습니다~~~~

경력의 자소서는 별로 안 본다

경력자의 이력서에도 자소서를 상세하게 쓰는 경우가 많다. 대부분 교육을 받았거나, 책을 봤거나, 인터넷에서 가져온 듯한 느낌의 글들이다. 물론, 경력이 3년 미만의 지원자가 쓴 글들은 가끔 읽어보기도 하지만, 15년, 20년 된 분들의 자소서 글은 읽을 필요가 없다. 왜냐하면, 지금까지 다녀온 회사와 해 온 업무에 대한 설명이 자기소개서보다 훨씬 그 사람에 대한 상세한 이력이 되기 때문이다.

지원한 이력서가 많을 때에는 보통 한 사람당 2~3분 이상 시간을 할애하지 못한다. 그래서, 다음의 내용을 위주로 본다.

- 얼마나 한 회사에 오래 다녔는가?
- 얼마나 해당 개발 언어에 전문성이 있는가?
- 필요한 스펙의 기술을 활용한 경험이 있는가?
- 단순한 운영 업무만을 했는가? 아니면, 새로운 기술에 거부감이 없는가?

이 장에서는 앞의 두 가지 사항에 대해서 자세히 살펴보자.

얼마나 한 회사에 오래 다녔는가?

얼마 전 모 SNS를 통해서 개발자 모집공고를 올린 적이 있다. "한 회사에 3년 이상 다닌 이력이 없으면 지원 금지"라는 내용을 올렸다가 엄청나게 반발을 산 적이 있다. 아마도 회사들을 짧게 짧게 다닌 경력을 가진 분들이 그러한 문구에 민감하게 반응했을 것이다. 왜 한 회사에 오래 다닌지가 중요한지부터 자세하게 살펴보자.

회사마다 수습기간이 존재한다. "왜 나에게 수습기간이 있는 거야?"라고 반문하는 분들도 가끔 있는데, 그것은 회사의 정책이다. 그러한 회사의 정책이 싫으면 그 회사에 지원을 하지 않으면 된다. 앞서 이야기했지만, 외국계 회사는 아주 다각도로 오랜 기간 및 수회에 걸쳐 면접을 진행한다. 적어도 5~7회에 걸친 면접을 진행한다. 그에 반해서 한국의 회사는 대부분 기술 면접 1~2시간, 임원 면접 1시간으로 채용을 결정한다. 즉, 아주 짧은 시간에 지원자를 평가하고 채용을 결정한다. 물론 대기업들은 인성 검사 등 추가적인 검사가 존재하기도 한다. 보통 지인들에게 결혼할 사람을 정할 때에는 1년 이상 만나고 결혼하라고 이야기한다. 4계절을 다 겪어보고, 술 취한 모습도 보고, 화가 난 모습을 보면서 이 사람이 평생 인생을 같이 할 사람인지를 결정하라는 것이다. 그런데, 회사에서 같이 일하는 사람을 정하는 데 단 두세 시간 이야기를 해 보고 결정하는 것은 무리가 있다. 그래서, 회사마다 수습기간이 존재하는 것이다.

보통 수습기간은 3개월인데, 이 시기에 회사를 그만두는 사람도 가끔 존재하고, 수습을 종료하지 못하고 연장하는 분들도 있다. 그만큼 이 기간에는 엄청나게 집중해서 본인이 낼 수 있는 능력을 최대한 이끌어 내어 결과를 만들어야만 한다. 이렇게 수습기간을 거치면 어느 정도 회사의 시스템에 적응을 하고, 애플리케이션 코드에도 적응을 할 것이다. 회사의 시스템이 복잡한 경우에는 이 기간이 3개월이 아닌 6개월이 지나도 전체 코드에 대한 내용을 분석하기 어려울 수도 있다. 보통 제대로 회사의 시스템을 익히고 일을 하려면, 더 자세하게 이야기해서 누군가의 도움 없이 각종 이슈들을 처리할 수 있는 수준이 되려면, 1년 정도의 시간이 소요되고 그 다음부터는 적응된 패턴을 기반으로 회사에 기여를 할 수 있는 상태가 된다. 그 기간동안 회사는 엄청난 여러 종류의 자원을 할애하면서 회사에 적응하는 데 도움을 주려고 노력한다.

그러면 처음부터 하려는 이야기로 돌아가자. 회사를 6개월이나 1년에 한 번씩 옮긴 분이라면 채용하려는 회사 입장에서는 어떨까? 간혹 이러한 이야기를 한다. 실리콘 밸리에서는 자주 이직한 사람들이 능력을 인정받는다고…. 누군가가 이러한 내용을 사회 초년생들의 머릿속에 심어주는지 모르겠는데 이 문장에서 잘못된 부분은 "실리콘 밸리"와 "자주 이직한 사람"이라는 부분이다. 이 책을 읽는 여러분은 한국인이다. 그래서 실리콘 밸리 부분은 현재 한국의 상황과 맞지 않는다. 그리고, 두번째 "자주 이직한 사람" 부분에는 중요한 단어가 빠졌다. 바로 "자주 이직한 '슈퍼 개발자'와 같은 사람"이라는 중요한 단어가 누락되었다. 여러분이 아무도 해결하지 못한 문제를 한 시간 만에 해결할 수 있고, 1년 전에 작성한 코드를 모두 외우고 있으며, 1만 라인이 되는 코드를 한 번만 보고 기억할 수 있다면 "슈퍼 개발자"에 해당한다고 자신있게 이야기할 수 있다. 그런 천재 개발자들은 살아오면서 아직 몇 명 못봤다. 그렇지 않은 필자와 같은 평범한 사람들은 실리콘 밸리에 다니는 유능한 분들처럼 1년에 한 번씩 회사를 옮기면 도움이 되기보다 회사의 분위기를 해칠 확률이 높다. 그래서, 웬만하면 회사를 2~3년 이상 다닌 분들을 선호한다. 그리고, 이렇게 다닌 분들은 웬만한 스트레스도 이겨낼 만큼 정신력과 인내력을 보유하고 있다.

하지만, 지금까지 이야기했던 내용에 예외는 분명히 존재한다. 회사의 경영이 악화되어 이직을 하게 되는 경우도 존재하기 때문이다. 게다가, 가는 회사마다 망해서 이직이 짧은 것처럼 비춰진다는 분들은 매우 억울하다고 생각할 것이다. 그러한 분들은 경력에 대한 이력보다는 본인의 기술력으로 승부를 봐야만 한다. 이 내용에 대해서는 다음 절에서 상세히 살펴보자.

얼마나 해당 개발 언어에 전문성이 있는가?

이 책은 대부분 개발자로 이직을 하고자 하는 분들이 읽고 있을 것이다. 그러면, 이력서에 본인이 개발할 수 있는 분야에 대해서 명시를 해야 하는데, 개발을 제대로 해봤다면 본인이 진행했던 프로젝트의 목록과 그 프로젝트에서 사용한 언어만 명시해서는 안 된다. 보다 정확하게, 프로젝트에서 사용한 WAS의 종류, 자바 버전, 사용한 라이브러리의 종류, 그 안에서 본인의 역할과 개발한 부분에 대해서 상세하게 명시하는 것이 좋다. 이렇게 상세하게 명시하지 않으면 진행해 왔던 일이 단순 업무라고 판단할 수밖에 없기 때문이다.

만약에 여러분이 어떤 솔루션 회사에 입사했다 치자. 그 회사에서 개발자들이 하는 업무는 크게 두 가지로 나뉠 것이다. 하나는 솔루션의 코어(core) 부분을 개발하거나, 다른 하나는 솔루션을 고객의 입맛에 맞게 전국을 누비며 커스터마이징(customizing)만 하는 것이다(물론 이렇게 단순화하기는 어렵지만, 크게 보면 이렇게 나눌 수도 있다). 그러면, 이 두 영역의 개발자 중에서 어떤 분들이 지속적으로 개발 역량을 성장시킬 수 있을까? 선택은 여러분의 몫으로 남겨 두겠다. 만약 회사를 잘못 선택하여 내 개발 역량이 도움이 될 것이 없다고 판단되면 퇴직금을 받을 수 있을 때까지 1년을 꾸역꾸역 버티는 것보다는 한달 내로 결정하는 것이 바람직하다는 것이다. 그래야 모두에게 도움이 될 것이다.

그렇다고 기술지원을 하면서 커스터마이징 하는 업무가 나쁘다는 것은 아니다. 그럴수록 회사의 코어 코드를 확인해 보면서 다른 개발자들이 어떻게 코드를 작성했고, 그 부분에 문제가 없는지 지속적으로 확인을 하는 것을 추천한다. 이렇게 문제들을 보다 보면 다른 부서에 코드 수정 요청을 자연스럽게 할 수 있게 될 것이고, 지속적으로 이야기를 한다면 그 부서에서 자기네 팀으로 와서 일할 생각이 없는지 자연스럽게 물어볼 수도 있다. 하지만, 만약 그 팀이 꼰대 그리고 속좁은 개발자들로 가득찬 팀이라면 생각지도 못한 각종 수단으로 본인을 공격해 올 수도 있다. 그러한 회사도 가능하다면 빨리 탈출하는 것을 권장한다.

만약 내가 지금 하는 일이 역량을 발휘할 수 없는 일이라고 매일 저녁마다 소주 한 병씩 마시며 사는 것은 정신적으로나 육체적인 건강에 하나도 도움이 안 된다. 그럴 때일수록 나 자신을 채찍질하여 시간이 나는 대로 프로젝트에 참여하거나 미니프로젝트들을 만들어 가면서 개인 깃허브(github)에 올리는 것을 추천한다. 그리고, 자신 있다면 그 소스 저장소의 링크를 이력서에 추가하기 바란다. 가능하다면, 주변에 자신과 개발 실력이 비슷한 사람들과 코드 리뷰를 하지 말고, 자신보다 잘하는 사람들에게 욕먹을 각오를 하고 코드 리뷰를 받아 보는 것을 추천한다.

자신이 없으면 명시를 하지 마라

마지막으로, 이력서를 쓸 때 자신의 개발 언어별 능력을 상,중,하로 작성하는 분들이 있는데, 이 부분은 웬만하면 본인에게 감점 요소가 되기 때문에 쓰지 않는 것을 추천한다. 하지만, 만약 아주 자신이 있다면 써도 된다. 초등학교 때부터 자바로 개발을 해 왔고, 어느 누구보다도 개발을 잘 할 자신이 있다면 써도 된다. 그렇지 않고, 5~6개월 교육받은 것을 바탕으로 본인의 자바 실력이 "중"이나 "중상"으로 쓰면 오히려 역효과가 더 많을 수도 있다. 게다가 면접관이 아주 개발을 잘 하는 분이라면, 면접시간 내내 영혼이 탈탈 털릴 수도 있다.

그리고, 개발 언어에 대한 내용이 많아도 좋지 않다. 이것저것 들어본 것은 많고, 헬로 월드 정도 찍어본 수준은 되니깐 "파이썬: 하"라고 적는 것과 아예 파이썬을 거론하지 않는 것과 어느 것이 나을까? 만약 "하"라고 적고 싶은 어떤 언어가 있다면, 그 부분은 한 1~2년 동안 그 언어로 뚝딱 거리며 개발을 잘해 오다가, 다른 언어로 전환한 지 한 5년은 넘어서 기억이 가물가물하다면 "하"라고 적는 것을 추천한다. 책 한권 본 수준으로 "하"라고 적어봤자 대답 못할 질문들이 쏟아져 내릴 수도 있다.

그래서, 웬만큼 해당 개발 언어로 돈을 받고 5년 정도 했다면 "중" 정도로 적는 것을 추천한다. 그리고, 내가 책을 쓸 수 있는 수준이 된다면, 실제로도 책을 썼다면 "상"을 적으면 된다. 지금까지 내용을 읽어 보면서 도대체 개발 언어 부분을 어떻게 써야 한다는 것인지 감이 잡히지 않는 분들은 그냥 개발 언어 부분에 대해서는 쓰지 않거나, 상중하를 나누지 않기를 바란다. 차라리 앞서 이야기한 대로 자신이 해 온 프로젝트를 보다 상세하게 적어 주는 것이 면접관이나 여러분들에게 많은 도움이 될 것이다.

정리하며

이 장에서는 경력 개발자들이 이력서를 쓸 때 유의해야 하는 부분에 대해서 살펴봤다. 한 회사를 오래 다니는 것이 그 사람의 이력에 좋을 수도 있고, 나쁠 수도 있다. 하지만, 10년이 넘지 않는다면 한 회사의 이력이 긴 것은 내 경력에 감점으로 존재하지는 않는다. 되도록이면, 한 회사에 3년 이상 다니는 것이 여러분의 경력 관리에 많은 도움이 된다는 사실을 잊지 않았으면 한다.

chapter 03

코딩 면접의
기본과 실전

코딩 면접은 철저하게 전략적으로 준비해야 합니다.
주어진 문제를 완벽하게 풀지 못하더라도
내가 할 수 있는 최대한의 노력을 해야 합니다.
신인재가 코딩 면접을 어떻게 준비하는지
알아보도록 합시다.

3-1 코딩 면접 준비하기 -기본 준비

열심히 이력서를 준비한 인재씨는 서류 합격 메일을 받고 기쁜 마음에 삼촌에게 전화를 했다.

 삼촌! 저 서류 합격했어요!!

 오~ 다행이네. 앞으로 절차가 어떻게 된다고 메일에 써 있어?

 네. 온라인으로 코딩 면접을 보고, 오프라인에서 또 코딩 면접을 본다고 써 있네요. 그 다음에 합격하면 임원 면접 보고…

그래. 이제 시작이니 준비 잘 하고…

 코딩 면접은 알고리즘만 열심히 공부하면 되는 것인가요?

 온라인 코딩 면접은 그렇지.
오프라인 코딩 면접은 그것만 잘하면 되는게 아니고.
일단 알고리즘 책 열심히 보고…
요즘은 부정행위 적발하는 것이 잘 되어 있어서, 괜히 친구들
이랑 같이 상의하면서 문제 풀지 말고. 네 실력으로 볼 수 있
도록 준비 열심히 해. 내가 회의가 있어서 좀 있다가 다시 전
화할게. (딸깍)

 오프라인은 그것만 잘하면 되는게 아니라구요? 에잇 벌써 끊
으셨네.
대체 무슨 말씀일까?

준비가 안 되어 있다면 기본서로 공부를

오랫동안 수많은 개발자들과 일을 해보니, IT 업계는 대부분 컴퓨터공학
을 전공한 개발자와 비전공 개발자가 적절하게 섞여 있었다. 물론 컴퓨터공
학을 전공한 마에스터 고등학교 출신들도 간혹 보이기는 한다. IT 업계에서
일한다고 무조건 컴퓨터공학을 전공한 사람만 존재하지는 않는다. 물론 그
래서도 안 된다. 왜냐하면, 세상에는 다양한 시스템이 존재하고 그 시스템을
만드는 사람들은 해당 분야의 지식이 많아야 하는 경우도 있기 때문이다. 예

를 들어 주식과 관련된 프로그램은 경영이나 경제학과, 그리고 통계학을 전공한 분들에게 컴퓨터공학을 가르쳐서 프로그램을 만들도록 하는 것이 컴퓨터공학을 공부한 분들이 프로그램을 만드는 것보다 훨씬 좋은 결과를 만들어 낸다.

컴퓨터공학과에 입학을 했더라도 프로그래밍이 좋아서 컴퓨터공학과를 선택한 분들과 점수에 맞춰서 선택한 분들의 차이는 적지 않다. 이 경우 대부분(일반적인 경우) 실력은 극과 극이 될 수도 있으며, 좋아서 공부한 사람을 이기기는 쉽지 않다. 그래도 실망할 필요는 없다. 여러분은 이 책을 읽고 있으니 분명 다른 취업 준비생 분들보다 우위에 있다고 자신있게 이야기해 주고 싶다.

코딩 인터뷰의 경우 보통 '코테'라고도 하는데 코딩 테스트를 줄여서 부르는 말이다. 대부분 알고리즘 기반의 문제를 푸는데, 지원자가 많으면 온라인으로 코딩 면접을 하기도 한다. 코딩 테스트에 합격하기 위해서는 알고리즘을 공부해야 하는데, 그것보다 먼저 익혀야 하는 것은 개발 언어다. 자신있는 언어가 C 언어일 수도 있고, Java일 수도 있으며, Python일 수도 있다. 온라인 코딩 테스트를 보는 사이트에서는 본인이 자신이 있는 언어를 선택하여 시험을 볼 수도 있지만, 회사에서 사용하는 프로그래밍 언어가 한정적인 경우에는 제약이 있을 수도 있다. 회사마다 다르겠지만, 앞서 거론한 3개의 프로그래밍 언어 중에서 하나만이라도 제대로 알면 코딩 테스트를 진행하는 데 크게 문제는 없을 것이다. 간혹 JavaScript만 공부하는 분들이 존재하는데, 회사에 따라서 이 언어를 코딩 인터뷰용으로 사용하지 않을 확률이 높다.

만약 여러분이 코딩 테스트에 대해서 아무런 준비가 되어 있지 않다면, 지금이라도 가장 자신있는 언어를 선택해서 공부하는 것을 권장한다. 필자가 Java 기반의 경력을 갖고 있기 때문에 Java로 준비하라고 하고 싶지만, 개인적으로 봤을 때 언어를 배우는 난이도는 C 〉 Java 〉 Python 순으로 C 언어의 진입장벽이 제일 높고, 그 다음에는 Java이며, 가장 배우기 쉬운(?) 언어는 Python이다. C가 가장 어려운 이유는 많은 분들이 포기하는 포인터 때문이다. 최근에 만들어진 대부분의 언어는 포인터가 존재하지 않지만, C에는 포인터라는 개념이 있어서 다른 부분을 다 이해하더라도 이 부분에서 막히는 분들을 매우 많이 봐왔다. 그래서, 차선책으로 많이 선택하는 프로그래밍 언어가 바로 Java다. 코딩 테스트에서는 대부분 메소드 하나를 개발하는 것을 목표로 하기 때문에 자바의 Pass by reference와 Pass by value 같은 개념을 익히지 못해도 알고리즘 시험에 응할 수 있으며, 다형성이라든지 상속 같은 개념도 굳이 알고리즘 시험을 준비하면서 반드시 익힐 필요는 없다. 마지막으로 Python은 문법 자체가 C나 Java와 많이 다르긴 하지만, 다른 언어에서 2~3줄로 작성해야 하는 코드가 한 줄로 처리될 수도 있고 타입에 대한 제약이 크지 않기 때문에 쉽게 접할 수 있다. 요즘은 스타트업에서 Python으로 운영시스템을 만들거나, AI 개발자들도 Python을 많이 사용하기 때문에 배워 두면 손해 볼 일은 없을 것이다.

책을 본사람은 많아도 끝까지 본 사람은 많지 않다

면접을 보기 위해서 개발 언어를 제대로 공부하는 것은 매우 중요하지만, 코딩 면접만을 위해서 알아 둬야 하는 것은 생각보다 많은 것을 공부할 필요는 없다. 어떤 언어를 배우더라도 반드시 공통적으로 알아야 하는 것들은 다음과 같다.

- if와 else로 되어 있는 조건문
- for나 while 루프를 사용하는 반복문
- 변수와 타입
- 데이터를 담고 꺼내기 위해서 반드시 필요한 배열과 자료구조

이 내용들만 알고 있어도 아주 심오한 문제가 아닌 이상, 웬만한 알고리즘 문제는 해결할 수 있다.

자바 언어를 기준으로 각각에 대해서 간단하게 살펴보자.

if와 else로 되어 있는 조건문

조건문은 알고리즘을 해결하는 데 가장 핵심적인 부분 중 하나이다. 어떤 조건에 따라서 문제를 해결하기 위해서 조건문을 사용한다. 자바의 조건문은 다음과 같이 사용한다.

```
if(boolean 결과) {
    boolean 결과가 true일 때 수행하는 코드
} else {
    boolean 결과가 false일 때 수행하는 코드
}
```

개발 언어마다 차이가 있지만 자바는 if문의 소괄호 조건 안에는 반드시 boolean 타입의 결과만 존재해야만 한다.

for나 while 루프를 사용하는 반복문

자바에서 반복문을 사용하는 방법은 for와 while이 있다. 그리고, 최근에는 stream을 사용하여 forEach로 반복문을 사용할 수 있다. 자세한 내용은 자바 기본서를 통해서 살펴보고 간단히 for 반복문을 사용하는 방법을 살펴보자.

```
for(초기화; boolean 결과; 값 증가) {
    boolean 결과가 true일 때 수행하는 코드
}
```

자바의 for문은 이와 같이 사용할 수도 있고 다음과 같은 구문도 사용할 수 있다.

```
List<String> list=new ArrayList<>();
…
for(String value:list) {
    list의 개수만큼 반복 수행
}
```

특히 경력 개발자일수록 고전적인 방식을 사용하는 것보다는 새로 나온 기술을 사용하는 것이 더 높은 평가를 받을 수 있다. 그래서, stream을 사용하는 방법도 익혀 놓는 것이 좋다.

변수와 타입

자바에는 8개의 기본 자료형과 참조자료형이 존재한다. 기본 자료형에는

byte, short, int, long, boolean, char, double, float

이 있으며, 데이터의 양이 많은 것을 처리할 때에는 그에 맞는 타입을 사용하는 것이 좋다.

데이터를 담고 꺼내기 위해서 반드시 필요한 배열과 자료구조

알고리즘 문제를 풀 때에는 대부분 배열을 사용하지만, 자바 기반의 프로그래밍을 할 때에는 보통 List, Map, Set, Queue와 관련된 라이브러리들이 다 만들어져 있다. 따라서, 상황에 맞는 적합한 자료구조를 사용하는 것이 중요하다. 이 자료구조에 대한 자세한 설명은 '4장 알고리즘 코딩 테스트'를 참고하기 바란다.

지금까지 설명한 내용들에 대해서는 기본서들을 참고하여 공부하는 것을 추천한다. 시간이 부족하다면, 필자가 설명한 내용들이 있는 부분만 선별해서 공부해도 웬만한 알고리즘 문제는 해결할 수 있다. 개발 언어를 여러 개 넘나들며 개발하는 것이 멋지거나 좋아 보일 수도 있겠지만, 하나의 언어라도 제대로 익히는 것이 더 중요하다. 요즘 분위기상으로는 백엔드를 공부하기 위해서는 자바를, AI를 공부하기 위해서 파이썬을 익히는 것이 대세로 자리잡고 있다. 하지만, AI는 구현만 해 놓는 것이 중요한 것이 아니라 실 서비스에서 제대로 동작하도록 만들려면 대부분 C나 C++ 기반으로 전환을 하기 때문에 해당 언어들도 공부해 놓는 것이 좋다.

추가로, 혹시나 해서 이야기하지만, 알고리즘이 인생의 전부도 아니고, 현업에서 개발하면서 모든 알고리즘을 익혀야 하는 것도 아니다. 하지만, 개발을 하면서 알고리즘을 잘 알고 개발하는 것과 모르고 개발하는 것은 차이가 크다. 그리고, 프로그래밍 언어 기본서를 끝까지 보고 공부해야만 한다. 코딩 면접만 있는 것이 아니고, 그 다음에는 기술 면접이 기다리고 있기 때문이다. 앞서 이야기한 부분만 대충 인터넷에서 검색해서 찾아보고, 알고리즘 문제를 풀 수 있는 수준이 된다고 해서 업무에서 일을 할 수 있는 수준이 되는 것은 절대 아니다. 지인이 도서관에서 〈자바의 신〉 책을 빌려서 봤는데, Volume 1은 너덜너덜해져 있고, Volume 2는 아주 새책에 가까운 상태라는 말을 듣고 매우 안타까웠다. 개발자로 먹고 살려면 뭐든지 대충대충 해서는 절대로 본인의 역량 수준이 향상될 수 없다. 되도록이면, 하나라도 끝을 보면서 공부를 한다면 어느 누구보다도 더 훌륭한 개발자가 될 수 있을 것이다.

정리하며

이 장에서는 코딩 인터뷰에 앞서 코딩 시험을 보려면 프로그래밍 언어를 하나 선택하고, 어느 부분을 집중적으로 공부해야 하는지에 대해서 살펴봤다. 알고리즘만을 위해서는 조건문, 반복문, 기본적인 자료구조 정도만 공부해도 충분히 문제들을 해결할 수 있지만, 그 다음 기술 면접을 통과하고 현업에서 일을 하려면 제대로 공부하는 것이 제일 중요하다. 그러기 위해서는 목표를 잡는 것이 제일 좋다. 가장 작은 목표는 내가 다니고 있는 학년에서 본인이 선택한 언어에 대해서 최고가 되는 것부터 시작하고, 그 다음은 학교, 그 다음은 회사, 그 다음엔 우리나라, 마지막으로는 전세계에서 최고가 되는 것을 목표로 잡고 공부한다면 주변에 있는 누구보다도 개발 잘한다는 소리를 듣게 될 것이다.

3-2 문제 풀기

회의가 끝난 삼촌은 인재씨에게 전화를 걸었다.

 회의를 길게 했네.

대표님이 또, 지구를 지키기 위한 방안들을 막 ~ 이야기하셔서 그 이야기 듣느라고 회의가 오래 걸렸네…
여튼 많이 기다렸지?

 아니어요. 바쁘신데 괜히 제가…

본론으로 들어가서, 너 지금까지는 개발 툴로 개발해 왔지?

 그… 그렇죠. 메모장으로 개발을 하지는 않잖아요.

 말 잘했네. 그런데, 메모장으로 코딩하는 연습을 많이 해.

 네? 그게 무슨?

 대부분의 개발 툴에서는 점(.)만 찍으면 필요한 메소드 목록들이 쫙 ~ 나오잖아.
그런데, 온라인 면접을 보거나 오프라인 면접을 볼 때 그러한 개발 툴을 제공해주면서 면접을 보는 데는 그렇게 많지 않아.
대부분 종이에 보거나, 칠판에 보거나 하지.

문제의 핵심을 파악하라

다음과 같은 코딩 문제를 받았다고 생각해 보자.

> 100점 만점의 시험을 보고 있다. 평균이 90점 이상이 되면 졸업이 가능한 상황이다. 앞
> 으로의 시험을 모두 100점을 맞는다고 가정했을 때 앞으로 얼마나 많은 시험을 봐야 하
> 는지 그 횟수를 리턴하는 메소드를 만드시오.
>
> **입력값** 정수로 된 점수 배열
>
> **리턴값** 정수로 된 앞으로 봐야 할 시험 횟수

이와 같은 문제를 봤을 때 어떻게 접근할 것인가?

직접 한번 풀어보자.

코딩 문제를 받았을 때 문제의 핵심을 가장 먼저 파악해야 한다.

- 단순한 문제인가? 알고리즘 문제인가?
- 아무도 못 푸는 문제인가? 나만 못 푸는 문제인가?

이 문제의 핵심은 무엇일까? 다시 말해서 출제자가 이 문제를 통해서 지원자의 어떤 능력을 알고싶어서 이러한 문제를 냈을까? 그에 대한 답은 코드를 작성해 보면 알 수 있다. 가장 간단하고 생각하기 쉬운 방법을 의사 코드(Pseudocode)로 작성하면 다음과 같다.

1. 입력받은 배열 값의 평균 값을 구한다.
2. 반복적으로 배열에 100을 더하여 평균이 90점을 넘는지 확인한다.
   2-1. 만약 평균이 90점이 넘으면 반복을 종료한다.
3. 반복한 횟수를 리턴한다.

참고 **의사 코드(Pseudocode)란?**
Pseudo란 "가짜의"라는 의미로 수행할 프로그램을 간단한 문장으로 정리하는 것을 말한다. 특별한 양식은 없지만, 업무를 이야기하면서 간단하게 프로그램의 절차를 정리하거나, 정확한 구현은 시간이 부족하여 기본적인 골격만을 설명할 때 유용하다.

아주 간단한 의사 코드가 작성되었다. 이 의사 코드 내용만으로 봤을 때 이 문제는 알고리즘 문제라기보다는 단순한 조건문과 반복문을 사용할 수 있는지를 확인하는 문제다. 그리고 기본적인 코딩을 배우면 누구나 풀 수 있는 문제다. 풀지 못한다면 이 책을 계속 읽어나가도 좋지만, 우선 코딩의 기본부터 공부할 것을 추천한다.

1:1 면접을 보는 경우에 시간이 충분하다면 이렇게 의사 코드를 작성한 후 코딩에 들어가는 것이 좋다. 왜냐하면, 간혹 문제를 잘못 이해하는 경우가 발생할 수도 있기 때문이다.

예를 들어 이 문제를 잘못 읽고 최종 평균값을 리턴하거나, 전체 시험 응시 횟수를 리턴하는 코드를 작성한 후에는 실망한 면접관들의 표정을 보며 면접을 마무리할 것이기 때문이다.

간혹 너무 긴장해서, 처음 보는 문제라서 못풀었다고 변명을 할 수도 있다. 그런데, 그것은 핑계일 뿐, 앞으로 같이 일을 하면서 긴장은 별로 안하겠지만, 처음 보는 문제들은 많이 접하게 될 것이다. 그럴 때 담당 개발자가 제대로 이해하고 개발을 하는 것과 자기 나름대로 해석을 해서 엉뚱한 프로그램을 개발하는 것을 생각해 보면 당신은 누구와 일하고 싶겠는가?

실제로도 현업에도 항상 엉뚱하고 문제를 야기시키는 프로그램을 개발하는 개발자들도 존재한다. 그 개발자가 무엇인가를 만들면 항상 확인을 해봐야 하고, 만든 코드를 보면 이상한 방식으로 상상의 나래를 펼쳐서 처리하는 경우도 적지 않다.

그렇기 때문에 이렇게 코딩 문제의 핵심을 파악하여 제대로 된 코드를 만들어 내는 것은 면접의 합격을 좌우하는 큰 영향을 주기도 한다.

그렇다면 이 의사 코드는 완벽할까?

여러분이 보기에는 완벽하게 보일 수도 있지만 이 의사 코드만 보더라도 이 코드는 완벽하지 않다. 어떤 값이 들어가더라도 이 프로그램이 정상적으로 동작할 것이라는 것을 보장하지 못하기 때문이다. 그렇기 때문에, 이렇게 간단한 의사 코드를 만든 다음에는 테스트 케이스를 뽑아 내야만 한다.

테스트 케이스 만들기

"테스트? 그것은 내 인생과 상관없는 일인데? 그건 내가 아니라 전문 테스터가 해야 하는 일이야!"라고 생각한다면 필자는 개발자의 자격이 없다고 생각한다.

개발자는 프로그램이라는 것을 만들기만 하는 사람이 아니다. 프로그램을 만들고 보완하지 않고 방치만 해 놓는다면, 그 프로그램은 죽어 있는 것이다. 개발자는 프로그램이 완벽하게 살아 있을 수 있도록 만들어야만 한다.

앞서 제시한 문제의 의사 코드를 다시 보자.

1. 입력받은 배열 값의 평균 값을 구한다.
2. 반복적으로 배열에 100을 더하여 평균이 90점을 넘는지 확인한다.
    2-1. 만약 평균이 90점이 넘으면 반복을 종료한다.
3. 반복한 횟수를 리턴한다.

먼저 1번 항목에 전혀 문제가 없을까?

만약 배열이 null이라면 이 코드가 제대로 동작할까? 그냥 바로 평균값을 구하면 이 코드는 바로 예외를 발생시킬 것이다. 그래서, 입력된 값을 체크하는 것은 매우 중요하다.

Test case 1:
- 입력값 : null
- 결과값 : ?

그런데, null일 경우 결과를 어떻게 리턴해 줘야 할까? 0을 리턴해주면 아주 간단하게 풀 수 있다. 하지만, 프로그램을 만들 때 임의로 만들면 안 된다.

이런 경우에 온라인 면접이 아닌 1:1 면접의 경우에는 면접관에게 질문하는 것이 좋다. "입력값이 null이면 0을 리턴할까요? 예외를 발생시켜 줄까요? 예외는 임의로 발생시킬까요? 아니면 생각하시는 방식이 있으면 그 방식대로 처리하겠습니다." 하고 질문한다면 면접관의 눈에 하트가 뿅뿅 생길지도 모른다.

그리고 다음과 같이 입력값이 빈 배열로 들어오는 경우도 발생할 수 있다.

Test case 2:

- 입력값 : []
- 결과값 : 1

그리고 입력값에 음수가 들어가는 경우도 발생할 수 있다.

Test case 3:

- 입력값 : [−100]
- 결과값 : ?

이 경우에도 면접관과 합의를 구하는 것을 권장한다. 만약 알아서 하라고 한다면, 마음대로 처리하면 된다.

의사 코드의 2번 항목에 들어갔을 때에는 여러 가지 케이스가 나올 수 있다. 이럴 때에는 경계 조건(boundary condition)을 고려해 보는 것이 좋다. 경계 값은 간단하게 말하면 프로그램 조건문에 들어가는 경계가 되는 값을 의미한다. 문제를 푸는 데 필요한 경계값은 하나일 수도 있고, 여러 개일 수도 있다. 이 문제의 경계값은 뭘까?

1분만 직접 생각해 봅시다.

이 문제의 경계값은 90이라는 값이다. 그러면 89.5에서 반올림해야 하는가? 아니면 버림을 해야 하는가? 가장 간단하게 푸는 방법은 버림을 하는 것이다. 그냥 평균이 90점 이상이라고 했으니, 평균값이 90과 같거나 큰 값을 구하면 된다. 그렇다면 정상적인 테스트 케이스는 이와 같이 나올 것이다.

Test case 4:
- 입력값 : [80]
- 결과값 : 1

그냥 간단하게 머리로 계산해도 80 + 100 = 180이 되고, 평균은 90점이 되어서 통과할 것이다. 그러면 2번 항목에 대한 테스트 케이스는 이것만으로 끝난 것일까? 입력값에 79 하나가 있거나, 입력값이 90일 경우에는 어떻게 될까?

3분만 직접 생각해 봅시다.

Test case 5:
- 입력값 : [79]
- 결과값 : 2

Test case 6:
- 입력값 : [90]
- 결과값 : 0

이렇게 두개의 케이스만 더 더하면 이 프로그램이 완벽하다고 할 수 있을까? 아니다. 개발자가 꼼수를 부려서 하나만 처리되도록 프로그램을 만들었을 수도 있다! 그렇기 때문에 입력값이 2개 이상인 테스트 케이스를 만들어야 한다.

Test case 7:
- 입력값 : [79,79]
- 결과값 : 2

Test case 8:
- 입력값 : [90,90]
- 결과값 : 0

이미 평균이 90점이 넘은 경우를 감안해야 하기 때문에, 반드시 이와 같이 테스트 케이스를 잡는 것이 좋다.

코딩 면접을 볼 때 테스트 케이스를 제대로 추출하고, 본인이 확인을 한 다음에 다 풀었다고 이야기하는 것과 그냥 예시로 제공해 준 입력값들의 결과만 확인해 보고 다 풀었다고 이야기하는 것 중 어떤 것이 더 신뢰를 줄지 생각해 보면 결론은 정해져 있을 것이다.

이러한 테스트 케이스를 추출하는 것은 이론적으로는 쉽게 이해가 되지만, 연습을 많이 해 보지 않으면 결코 쉽게 나올 수 없다. 오히려 어설프게 하다가는 점수만 깎일 수 있으니 유의하기 바란다.

이제 종이에 풀어보자

앞서 간단히 이야기했지만, 코딩 면접을 보는 방식은 매우 다양하다. 간단히 나열해 보면,

- 구글 워드(google word)와 같이 온라인으로 문제를 공유하여 문서에 코드 작성하기
- 프로그램 실행까지 가능한 온라인 사이트를 활용하여 같이 작성한 문제를 보면서 코드 작성하기
- 문제가 적혀 있는 종이를 주고 코드를 컴퓨터나 종이, 화이트 보드에 작성하기
- 문제를 말로 이야기해 주고, 컴퓨터나 종이, 화이트 보드에 작성하기

여러 외국계 회사와 국내 회사에서 필자가 면접을 보면서 이와 같이 다양한 방식을 사용해 봤는데, 결론적으로 어떤 방식을 사용하더라도 코드를 잘 짜는 사람은 문제를 쉽게 풀어 낸다.

하지만, 대부분 일반적인 분들은 연습이 되어 있지 않으면 이와 같은 방식으로 프로그램을 작성하라고 하면 매우 긴장하고 개발도구에서 사용 가능한 메소드 목록을 제공하지 않기 때문에 평소보다 코딩 시간이 오래 소요될 것이다. 그래서, 적어도 1주일에서 한달 이상을 종이에 문제를 풀어 보는 연습을 해야만 한다.

"뭐 종이에 문제를 푸는 것이 어렵겠어?" 라고 생각할 수도 있는데, 직접 한번 해 보면 쉽지 않다는 것을 바로 느낄 것이다. 대부분 컴퓨터로 코딩을 하기 때문에 작성하다가 잘못된 부분이 있으면 쉽게 지우고 다시 작성할 수 있지만, 종이에 코딩을 할 경우에는 열심히 적은 내용이 잘못되었다는 판단을 한 순간 지우개를 들고 과감하게 지워야 하기 때문이다.

그래서 연습을 하는 단계는 다음과 같이 진행하는 것을 추천한다.

1. 온라인 코딩 사이트를 활용하여 연습하기
2. 문서 편집기를 활용하여 연습하기
3. 종이나 화이트 보드에 연습하기

온라인 코딩 사이트의 경우 본인이 지금까지 사용해 왔던 개발 툴과는 환경이 다르기 때문에 적응하기 쉽지 않을 수 있다. 하지만, 면접을 통과하려면 빠른 시간 내에 적응을 해서 문제를 풀어내야만 한다.

이렇게 연습을 할 수 있는 사이트는 뒤에(4장 알고리즘 코딩 테스트) 정리해 놓았으니 참고하기 바란다.

온라인 코딩 사이트에 적응이 되었으면, 윈도우즈나 맥에 있는 아주 간단한 텍스트 문서 편집 프로그램을 활용하여 코딩 연습을 하자. 만약 리눅스 기반의 코딩에 익숙한 분들이라면 vi로 연습해도 된다. 그래도, 종이에 코딩을 하는 것보다는 이렇게 문서 편집기를 활용하여 프로그램을 작성하는 것이 보다 쉽다.

마지막으로 종이나 화이트 보드에 연습을 하는 것이다. 이렇게 코드를 작성해 보면 보다 많이 생각을 해 보고 코딩에 들어가야 하기 때문에 많은 연습이 필요하다. 그리고, 아주 많은 회사가 이러한 방식으로 코딩 면접을 보기 때문에 반드시 연습을 많이 해 보는 것을 권장한다.

한 번도 종이에 코딩을 해보지 않은 분과 종이에 코딩을 해본 분은 아주 큰 차이가 있다.

그리고, 혹시나 해서 이야기하지만, 인터넷이 안 되면 개발을 못하는 분들을 종종 만난다. 대부분 코딩 문제는 인터넷 검색을 하지 않아도 개발자라면 해결할 수 있는 문제를 제시한다.

물론 개발을 하면서 검색을 하고, 필요한 코드를 짜깁기할 수는 있지만 아주 기본적인 알고리즘은 작성할 수 있는 수준은 되어야 어느 회사라도 입사할 수 있다.

어떤 지원자는 본인의 경력을 설명하는 데에는 아주 서툴렀지만, 코딩 면접에 들어가자 생각을 잠시 하더니, 본인이 풀어야 하는 문제를 제대로 이해했는지 면접관에게 확인을 해 보고, 추가적인 테스트 케이스도 직접 도출하면서 문제를 해결해 나가는 것을 본 적도 있다.

어떤 지원자를 회사에서 더 선호할지는 생각할 필요도 없으리라고 본다.

정리하며

지금까지 코딩 면접을 준비하는 방법에 대해서 간단하게 살펴봤다. 별것 아니라고 생각할 수도 있지만, 실제 코딩 면접에 들어가면 이론적으로만 이러한 상황을 파악하고 있는 것과 연습을 많이 한 것은 차이가 많이 난다.

사람이 긴장을 하는 이유는 본인이 할 수 있는 수준보다 더 잘보이려고 노력하기 때문에 그런 것이다. 본인의 능력을 올리면 긴장은 그만큼 줄어들 것이다.

그리고, 다시 한번 이야기하지만, 문제를 풀어낸 다음엔 반드시 테스트 케이스를 도출하여 확인하는 습관을 가져주기 바란다.

3-3 친구들과 코딩 문제 리뷰해 보기

고온대 삼촌과 인재씨가 카페에 나란히 앉아 있고, 인재씨는 종이에 뭔가를 열심히 쓰고 있다.

 이제 문제 다 풀었지?

 네 어느 정도는 푼 것 같아요.

 어느 정도? 다 풀었으면 푼거고, 아니면 아닌거지. 네 코드가 완벽하다는 것을 이야기하란 말이야.

(뭐지? 이 까칠함은? 간만에 느끼는 까칠함이야~) …네…

 그러면 이제 설명해봐.

 설명이요?

 네가 만든 코드에 대해서 설명을 할 줄 알아야지.
나중에 네가 좋은 회사 들어가면 배포 전에 작성한 코드에 대한 리뷰를 진행할거야.
보통 "코드 리뷰"라고 하지.
많은 개발자들이 잘하는 것은 코딩이고, 잘 못하는 것은 다른 사람들에게 설명하는 거야.
자기만의 세상에서 설명을 하거든.
누가 듣더라도, 이해할 수 있도록 만드는 연습을 하는 것이 좋아.

 그것은 삼촌만 가능한거 아니에요? 저는 이제 대학생이라고요.

 이것봐. 벌써 너의 한계에 대한 경계를 짓고 있잖아. 그걸 넘어서란 말이얏~

 삼촌. 저는 삼촌의 부하직원이 아니…

 (급 흥분하며) 나때는 말이야!！！

알고리즘 설명에 빠지지 않는 효율성

알고리즘을 다 작성하고 나면 대부분 면접관이 많이 물어보는 것이 알고리즘의 효율성, 즉 빅 오(Big-O)에 대한 것이다.

> **참고 빅 오 표기법이란?**
> 1892년 독일의 Paul Bachmann이라는 수학자의 "정수론"에 관한 책에서 처음 소개되었다. 그러다가, 컴퓨터 공학에서는 Donald Knuth라는 컴퓨터 공학자에 의해서 사용하게 되었으며 이 분은 20대에 "The Art of Computer Programming"이라는 유명한 책을 집필했고, 80대인 현재는 스탠퍼드 대학교의 명예 교수로 있다고 한다.

빅 오 표기법은 알고리즘의 복잡성을 단순화하여 표시할 때 사용하며 복잡도에 따라서 다음과 같이 나타낼 수 있다.

- $O(1)$
- $O(\log n)$
- $O(n)$
- $O(n \log n)$
- $O(n^2)$
- $O(2^n)$

복잡도를 처음 보는 분들을 위해서 간단하게 설명해 주면 $O(1)$은 바로 값을 꺼낼 수 있을 때처럼 데이터의 개수와 상관없이 바로 결과가 나올 때를 의미한다. 맨 처음 값을 꺼내거나, 맨 마지막 값을 꺼내는 push나 pop 같은 것이 여기에 속한다.

그리고, $O(n)$의 경우는 for문과 같이 반복문을 활용하여 값을 찾아서 제공할 수 있을 때를 말한다.

$O(n^2)$은 이중 for문과 같이 데이터의 개수의 제곱에 비례할 때를 나타낸다.

$O(\log n)$은 데이터 개수 n이 주어졌을 때 $\log n$ 번만큼의 시간이 걸린다는 것을 의미한다. 지수가 10인 $\log n$의 경우 n 값이 10이라면 1의 복잡도를 가지며 n 값이 100이라면 10의 복잡도를 가져 10회를 거쳐야 값을 찾을 수 있다는 의미다. 뒤이어 나오는 log 값의 빅 오 표기법도 이렇게 이해하면 된다.

빅 오 표기법은 4장에서 좀더 자세히 다룰 것이다.

무엇보다도 중요한 것은 대부분의 알고리즘 문제를 해결하는 데 있어서 면접관이 알고리즘을 잘 알고 있는 분이라면 반드시 이 복잡도, 효율성을 나타내는 빅 오 값에 대해서 물어볼 것이고, 이것에 대해 제대로 대답을 하는지 여부에 따라서 알고리즘에 대한 이해도 평가가 달라질 수도 있으니 반드시 알고리즘 책을 활용하여 복잡도가 어떻게 되는지 산출하는 방법을 공부해 놓는 것을 추천한다.

코드 제대로 작성하기

내가 만든 코드에 대해서 설명하는 것은 처음이 어렵지 그 다음부터는 그다지 어렵지 않을 것이다. 가장 좋은 코드는 굳이 설명하지 않아도 보면 바로 이해할 수 있는 코드다.

그러면, 좋은 코드는 무엇일까?

코딩 면접을 볼 때 작성된 코드를 보고 필자가 가장 중요시 여기는 것은 다음과 같다.

- 요구 사항을 정확하게 지켰는가?
- 명명 규칙은 제대로 따랐는가?

먼저 요구 사항이라고 이야기하면 너무 많은 것들을 의미하고 있어서 조금 더 자세히 나누어 보자. 요구 사항은 크게 기능적 요구 사항과 비기능적 요구사항으로 나뉜다.

기능적 요구 사항은 기본적인 요건을 수행하는 것과 관련된 것들이다. 입력값과 출력값이 정확하게 예상대로 나오는 것이 대표적인 기능적인 요구 사항이다.

비기능적인 요구 사항은 성능, 보안, 리소스 등과 같이 기능은 정상적으로 작동하더라도 결과 응답시간은 몇 초 내로 나와야 한다든지, 프로그램에 권한이 있는 사람만 접근 가능하다든지, 메모리는 몇 메가 바이트 내로 사용해야 한다는 것과 같은 것들이 여기에 속한다.

대부분의 면접 문제에는 기능적인 요구 사항 위주로 요구한다.

기능적인 요구사항에는 다음과 같은 것들이 있다.

- 입력 매개변수와 출력, 리턴되는 값의 타입은 정확한가?
- 요구한 결과가 동일하게 출력, 리턴 되는가?
- 제시한 개발 언어로 작성되었는가?

이러한 사항들은 기본적으로 지켜줘야만 한다. 만약 "String 문자열을 받아서…" 라고 문제에 적시되어 있는데 char[ ]로 매개변수를 설정해 놓았다면 기본적인 요구사항부터 맞지 않는 것이다.

그 다음에는 명명 규칙도 중요하다. 자바는 기본적으로 Camel Case를 사용한다. CodingInterview와 같이 클래스 이름은 대문자로 시작하고, 중간에 다른 단어로 변경될 때 첫 문자만 대문자로 변경하는 것을 의미한다. 메소드 이름이나 변수명의 경우에는 첫 문자는 무조건 소문자이고, 나머지 규칙은 클래스 이름과 동일하다. 그리고 상수의 경우에만 모두 대문자로 사용하고 중간에 언더바를 붙인다. 정리하자면 다음과 같다.

- CodingInterview: 클래스, 인터페이스 등의 이름
- codingInterview: 메소드, 변수 등의 이름
- CODING_INTERVIEW: 상수 이름

이와 같은 이름은 평소에 습관처럼 되어 있지 않으면 절대로 면접 시에 제대로 적을 수 없으니 제대로 할당해 주는 습관을 가지길 바란다.

그리고, 명명 규칙만큼 중요한 것이 있는데, 바로 이름을 붙이는 것이다. 만약 평가 점수를 숫자로 받아서, A, B, C, D 등으로 구분해서 처리하는 메소드를 만든다고 생각해 보자. 어떻게 메소드 이름을 지정하겠는가?

무엇보다도 자바는 한글을 지원한다. 변수 이름이나 클래스 이름, 메소드 이름 등에 한글을 사용해도 된다. 하지만, 코드를 확인하는 뷰어의 인코딩 문제 때문에 대부분 자바에서 한글 사용을 권장하지는 않는다. 그래도, 면접을 볼 때 정 메소드 이름이 적당한 것이 생각나지 않으면, 아예 한글로 적어도 된다. 이 경우에는 그냥 "등급평가"라는 메소드로 지정해도 괜찮을 것이다. 그래도 웬만하면 영어로 checkGrade나 assignGrade 등으로 지정하면 된다.

그런데 간혹 면접 볼 때 보면 메소드 이름을 그냥 test, check, main, a 등으로 적는 지원자가 적지 않다. 이러한 경우에 필자는 상당히 많은 감점을 한다.

이유를 물어보면 다음과 같이 대답하는 경우가 많다.

실제 서비스를 개발할 때는 시간적 여유가 많을 때보다는 부족할 때가 더 많다. 개발할 때나 코딩 면접을 볼 때나 시간이 부족하다고 느끼는 것은 마찬가지다. 그리고, 위 상황에서 오른쪽 두 사람처럼 대답을 할 경우에는 아무리 코딩을 잘하고, 기술력이 뛰어나더라도 이것을 이유로 탈락할 수도 있다.

프로그램은 혼자 만드는 것이 아니다. 개인이 진행하는 토이 프로젝트가 아닌 이상 2명 이상의 사람들이 모여서 프로그램을 만든다. 그래서, 누가 보더라도 해당 메소드의 이름만 보면 무슨 역할을 하는지 알아야만 한다.

실제로 현업에서는 그렇게 안 한다고 이야기해도, 이 사람이 입사하게 되면 누군가가 항상 옆에 붙어서 봐 줘야만 한다. 회사 입장에서는 엄청난 리소스의 낭비가 발생할 수 있기 때문에 아무리 사람이 부족해도, 새로운 문제점을 야기시키는 지원자를 채용해서는 안 된다.

메소드 이름도 마찬가지지만, 변수 이름도 마찬가지다. 개인적으로는 for 루프를 사용할 때 loop라는 변수를 사용하고, 만약 하나씩 증가하는 값을 지정할 때에는 index라는 변수를 사용한다. 이렇게 하면, i나 j보다는 훨씬 가독성이 좋다. 만약 2중 루프를 사용할 때에는 outLoop, inLoop와 같이 사용하는 것을 개인적으로 선호하기도 하지만, 대부분의 책이나 회사에서는 i, j, k도 많이 사용하기 때문에 이렇게 쓴다고 해서 뭐라고 하지는 않을 것이다.

그리고, 누가 그렇게 가르쳤는지 모르겠지만 예전에 C 언어나 Cobol과 같은 언어로 개발할 때에는 변수명도 최소화하여 메모리 점유를 줄이려는 노력을 했다. 그래서, count를 cnt, temp를 tmp, code를 cd로 붙이는 안좋은 습관을 가진 젊은 분들이 꽤 많이 있다. 자바에서는 변수명을 길게 붙인다고 해서 코드의 메모리 점유율이 아주 많이 증가하지 않고, 대부분 자바를 사용하는 환경은 변수명 때문에 메모리가 부족할 확률이 거~~~~의 없기 때문에 변수 이름을 제대로 지정해서 사용하는 것을 권장한다.

내가 만든 코드 설명 연습

이제 제대로 코드를 작성했으면 코드를 설명하는 연습을 해보자. 이 부분은 선택이 아니라 필수다. "개발자가 개발만 잘하면 된다."는 시절은 지났다. 자기가 만든 것, 한 것에 대한 포장을 잘 하는 것도 매우 중요한 능력이다.

포장이라는 것은 사기를 치라는 것이 아니다. 만든 것을 누가 보기에도 이해하기 쉽게 설명하고 문서화하는 것을 말한다. 많은 개발자들이 이 부분이 매우 약하다. 필자를 집필의 세계로 이끌어 준 선배가 3년차 때 "개발자의 개발 툴은 울트라 에디트나 이클립스와 같은 것이 아니라, MS Office다."라는 말을 해줬다. (그 때는 많은 개발자들이 사용하는 인텔리제이 같은 툴이 유명하지는 않았다.) 본인이 10만큼의 일을 했으면 10만큼의 인정을 받아야 하는데, 자기가 한 일에 대해서 제대로 보고하고 정리하는 방법을 잘 모른다. 보통 한 조직에 개발자와 비 개발자가 섞여 있는 경우 개발자가 더 평가를 잘 받은 것을 본 경우는 거의 없다. 대부분 개발자들은 본인이 열심히 한 것에 대한 표현이 서투르기 때문이다. 그래서, 이러한 능력도 키워야만 한다.

코드를 설명하는 연습은 같은 전공을 하는 친구들에게 하는 것이 가장 편하고 좋다. 그냥 대충 설명해 줘도, 개떡같이 설명해 줘도 찰떡같이 알아듣기 때문이다. 이렇게 친구들에게 설명하는 것이 적응이 되었다면, 개발을 잘 모르는 애인, 형제, 자매들에게 설명하는 연습을 해보자. 아마도 웬만큼 이해력이 좋은 분이 아닌 이상 잘 이해하지는 못할 것이다.

그래도 이러한 연습을 필요하다. 왜냐하면, 면접을 보는 2차 면접관인 임원이나 관리자가 본인이 지원한 분야의 개발 언어를 잘 모르는 경우도 존재하기 때문이다. 회사에서 자바만 사용하는 것이 아니라, Python, PHP, JavaScript, Swift, Kotlin 등 다양한 언어를 사용하는데, 어느 정도 규모가 있는 회사의 관리자나 임원들은 10년에서 15년 이상의 경력이 있는 분들이기 때문에 본인의 주특기인 개발 언어를 잘 모를 수도 있고, 모든 언어를 알고 있는 사람은 거의 없다. 따라서, 그 분들에게 설명을 잘 해야 높은 점수를 획득할 수 있을 것이다.

그리고, 최고의 난이도는 부모님이다. 만약 부모님이 이해를 하실 수 있을 정도의 설명을 했다면, 여러분은 개발보다는 영업이나 전문 강사로 전업을 생각해 보는게 더 맞을 수도 있다. (이 말을 너무 심각하게 생각하는 독자는 없길 바란다.)

마지막으로 주변에 너무 친구가 없다면, 집에 있는 강아지나 고양이에게 설명을 하는 연습을 해도 되고, 정 없으면 장난감 로봇이나 인형에게 설명하는 연습을 해도 된다. 결론은 어떤 수단과 방법을 가리지 말고 연습을 하라는 것이다.

그리고, 외국계 회사나 외국 회사와 면접을 볼 때에는 요즘에는 웬만하면 영상 통화를 통해서 면접을 진행하겠지만, 전화 면접을 볼 수도 있다. 코딩 면접 중 가장 힘든 것이 전화 인터뷰인데, 1:1 대면 인터뷰는 상대방이 이해하는지 못하는지를 표정을 보면서 확인하고 추가 설명을 해 주면서 손짓, 발짓을 할 수가 있지만, 전화 인터뷰는 목소리만으로 모든 상황을 전달 및 설명해 줘야만 하기 때문에 더 많은 연습이 필요하다.

나중에 분명히 "기회는 준비된 자에게 온다"라는 말이 반드시 생각날 것이다. 그러니 미리미리 기회 있을 때 설명하는 연습을 해주기 바란다.

못풀었다면?

면접을 보다 보면 분명 절대 생각해 보지 못한 문제를 만나는 경우가 있을 것이다. 그럴 때 한 3분이나 5분 고민하다가 "잘 모르겠는데요?"라는 분들이 존재한다. 이렇게, 쉽게 포기를 하는 분과 같이 일하고 싶은 회사는 이 세상 어디에도 없을 것이다. (아마 있을 수도 있다.)

대부분의 회사는 문제가 주어졌을 때 끝까지 사냥개처럼 그 문제를 해결하기 위한 모든 수단과 방법을 찾아보는 지원자에게 좋은 점수를 줄 수밖에 없다. 정 생각해 보다가 모르겠으면, "이렇게 이렇게 풀려고 하는데 너무 좋은 방법은 아닌 것 같아서요. 혹시 힌트 좀 주실 수 있나요?"라고 물어보기 바란다. 그러면 아주 간단한 문제를 제출했을 때(뭐 1부터 10까지를 더하는 수준의 문제를 받았을 때)를 제외하고 대부분은 아주 자그마한 힌트라도 줄 것이다.

만약 힌트도 물어보지 않고 그냥 포기하는 지원자가 있다면, "아 ~ 내가 이 사람을 통과시키더라도 같이 일할 때 못하는 것을 시키면 그냥 안하겠구나~"라는 생각을 할 수도 있다. 그렇기 때문에 면접 볼 때 거짓말하지 말고 본인이 잘 할 수 있는 것과 못하는 것을 구분해서 이야기해야만 한다.

간혹 아주 난이도 극상의 코딩 문제를 제출하는 회사도 존재한다. 어떤 회사는 공채 문제를 내기 위해서 약 2달 이상 수석, 부장급의 개발자 분들이 머리를 싸매고 코딩 문제를 만든다. 그 문제는 바로 10분 이내에 풀라고 낸 문제가 아니다. 물론 그것을 해내는 아주 똑똑한 분들도 있다. 그렇게 어려운 문제를 낸 이유는 제대로 개발을 잘 할줄 아는 분들을 선별하기 위한 과정도 있지만, 무엇보다도 문제를 해결하기 위해서 어떤 시도를 하고, 얼마나 치열하게 고민하는지를 보기 위한 것이 더 크다.

그런데, 그것보다 더 중요한 것이 있다. 앞서 이야기한 문제들의 경우 반나절 정도 문제를 풀도록 기회를 제공하는데, 만약 제대로 문제를 못풀었다면 집에 가서라도 반드시 다시 리뷰해 보고, 해결하기 위해 노력해 보기 바란다.

앞서 이야기한 내용과 거의 비슷한 이야기지만, 회사에서는 아주 많은 문제들과 부딪힌다. 그럴 때, 이러한 문제나 풀어야 하는 이슈에 대해 지속적으로 고민하는 사람(개발자)을 대부분 필요로하고 좋아한다. 그러니 집에 가서 반드시 친구나 지인의 손을 빌리더라도 답을 내고 잠을 자는 것을 권장한다.

무엇보다도 코딩 면접은 코딩을 엄청나게 잘하고, 알고리즘을 잘 풀어내는 수준까지는 원하지 않는다. 하지만, 대부분의 회사는 얼마나 개발에 센스가 있는지는 확실하게 파악하려고 한다.

정리하며

개발자가 개발만 잘하면 되는 시대는 이미 지났다. 이제는 개발도 잘하고, 커뮤니케이션도 매우 원활하며, 자기가 만든 것을 잘 정리하는 개발자가 인정받는 시대다. 30명에서 100명, 200명이 넘는 사람들 앞에서 약장수처럼 이야기를 잘 하라는 것은 아니다. 적어도 여러분 앞에 앉아 있는 면접관에게만이라도 잘 설명할 수 있는 연습을 지속적으로 해 봐야 실전에서도 실수하지 않고 좋은 점수를 받을 수 있다.

그리고, 문제를 받은 순간부터는 끝까지 포기하지 말고 본인의 두뇌를 최대한 풀(full)로, 극한까지 가동하여 문제를 해결하기 위한 노력을 하기 바란다. 그러면 여러분들은 지금까지 꿈꿔왔던 회사에 입사할 수 있을 것이다.

3-4 실전 코딩테스트

알고리즘 공부를 3~6개월은
해야 한다고

중얼
중얼

메일

며칠 뒤 리뷰 연습까지 마친 인재씨는 다른 괜찮은 문제가 더 있는지 삼촌에게 메일로 문의를 했다. 그랬더니, 예상 외로 빠르게 답변이 도착했다.

발신 : 고온대
수신 : 신인재
제목 : RE: 코딩 문제 다른 것들 좀 …
내용 :

내가 간단하게 정리한 문제들이 있으니 한번 풀어봐.
너무 쉬울 수도 있는데, 생각을 많이 할 수 있는 문제들이야.

앞에서 내가 설명한 방식으로

- 문제를 풀고
- 주변 사람에게 코드에 대해서 리뷰하는

연습을 많이 해봐야 해.
이 문제들을 쉽게 풀었으면 두꺼운 알고리즘 책, 3~6개월 정도 잡고 공부해야 해.

인재씨는 삼촌이 보내준 메일의 첨부파일을 열어 보았다.

이 장을 공부하는 방법

이제 실전 연습을 해 보는 시간이다. 문제를 보면

- 문제를 이해하고
- 의사 코드를 만들고
- 코드를 작성한 다음
- 테스트 케이스를 추출하고
- 주변 사람에게 설명하는

연습을 직접 해보기 바란다. 반드시 연습을 할 때에는 실제 면접을 보는 기분을 내기 위해 복장이나, 머리 스타일 등을 면접 당일처럼 준비하고 보면 보다 더 도움이 될 것이다. 그리고 문제를 풀 때에는 꼭 시간을 측정해야만 한다.

단어 카운트

문제

사장님이 많이 사용하는 단어를 확인해 보기 위해서 단어들을 추출하는 프로그램을 만들었다. [미래, 비전, 창조, 미래, 역사] 와 같이 단어 목록을 받으면 각 단어별로 개수를 화면에 출력하는 프로그램을 만들자.

입력타입 : String [] words

출력타입 : String counts

예

입력

[미래, 비전, 창조, 미래, 역사]

결과

미래:2

비전:1

역사:1

창조:1

---

❶ 이 책에서 제시하는 문제는 별도의 답안을 제공하지 않습니다.

코드 작성

1	
2	
3	
4	
5	
6	
7	
8	
9	
10	
11	
12	
13	
14	
15	
16	
17	
18	
19	
20	

 소요시간 _____

테스트 케이스

설명하기 연습

난이도 조금 올리기

문제에서 "출력되는 단어는 가나다 순으로 정렬되어야만 한다."는 조건을 추가한 후 코드를 다시 작성해 보자.

1	
2	
3	
4	
5	
6	
7	
8	
9	
10	
11	
12	
13	
14	
15	
16	
17	
18	
19	
20	

 소요시간 _____

카드 섞기

문제 :

1부터 10의 숫자가 적힌 카드가 있다. 프로그램을 실행할 때마다 다른 숫자 카드 배열을 제공하는 프로그램을 만들자.

입력타입 : 없음
출력타입 : int[ ]

예

입력

없음

결과

[1,3,4,6,8,2,5,7,9,10]

(중복되지 않은 10개의 결과값이 나열되어야 하며, 결과는 매번 상이해야 함)

코드 작성

1	
2	
3	
4	
5	
6	
7	
8	
9	
10	
11	
12	
13	
14	
15	
16	
17	
18	
19	
20	

 소요시간 _____

테스트 케이스

설명하기 연습

난이도 조금 올리기

문제에서 10개가 아닌 "정수 n을 매개 변수로 입력 받아 무작위로 나열하는 프로그램을 작성하자"로 변경해서 다시 코드를 작성해 보자.

1
2
3
4
5
6
7
8
9
10
11
12
13
14
15
16
17
18
19
20

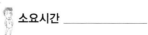 소요시간 _____

대칭수(회문수) 찾기

문제 :

121, 131, 123454321 등은 대칭수이다.

122, 123, 124 등은 대칭수가 아니다.

n부터 m 사이의 대칭수를 찾는 코드를 작성하시오.

입력타입 : int n, int m

출력타입 : String

예

입력

10, 30

결과

11, 22

코드 작성

1

2

3

4

5

6

7

8

9

10

11

12

13

14

15

16

17

18

19

20

 소요시간 _____

테스트 케이스

설명하기 연습

소요시간 _____
설명수준 _____

Map을 구현하라

문제:

키와 값으로 구성되는 Map을 제공하는 프로그램을 작성하시오.

코드 내부에는 Java에서 제공하는 map을 사용하면 안 되며, 다음과 같은 기본 메소드만 작성하면 됩니다.

put(String key, String value): 값을 넣는 메소드

get(String key): 값을 얻는 메소드

size(): 키의 개수를 제공하는 메소드

코드 작성

1

2

3

4

5

6

7

8

9

10

11

12

13

14

15

16

17

18

19

20

 소요시간 _____

테스트 케이스

설명하기 연습

LinkedList를 구현하라.

문제 :

LinkedList는 앞에 있는 값과 뒤에 있는 값이 어떤 것인지 알 수 있는 목록형 타입 중 하나다. Java에서 제공하는 LinkedList를 사용하지 말고 직접 작성하면 되며, 다음의 메소드만 구현하면 됩니다.

add(String data): 값을 추가하는 메소드

getFirst(): 처음 값을 리턴하는 메소드

getLast(): 마지막 값을 리턴하는 메소드

addFirst(String data): 처음에 값을 추가하는 메소드

addLast(String data): 마지막에 값을 추가하는 메소드

코드 작성

1
2
3
4
5
6
7
8
9
10
11
12
13
14
15
16
17
18
19
20

소요시간 _____

테스트 케이스

설명하기 연습

정리하며

　이 장은 실제 코딩 면접과 동일하게 진행했기를 바란다. 실전과 같은 자기 훈련을 많이 한 사람과 그렇지 않은 사람은 많은 차이가 발생한다. 반드시 코드를 작성할 때에는 종이나 메모장에 쓰는 연습을 진행하기 바라며, 시간도 반드시 체크하면서 작성해야만 한다. 그렇지 않으면 누구나 풀 수 있는 문제다.

누가
IT시장 취업에
성공하는가
신입 경력 지원자와 면접관을 위한 지침서

chapter 04

알고리즘 코딩 테스트

요즘 IT 기업은 코딩 테스트로 알고리즘 문제를 많이 출제합니다.
몇 개월 정도 집중적으로 시간을 투자하면
누구나 합격할 수 있는 수준의 문제들이 출제됩니다.
신인재군은 과연 알고리즘 테스트에 합격할 수 있을까요?

4-1 시험에 많이 나오는 알고리즘 - 초급문제

앞서 보낸 메일에 인재씨가 답장을 보냈다.

발신 : 신인재

수신 : 고온대

제목 : RE:RE: 코딩 문제 다른 것들 좀 …

내용 :
알고리즘 문제를 책으로만 공부하니까 좀 지겨운 것 같아요.
괜찮은 사이트나 다른 공부 방법 좀 알려주세요.

그랬더니, 삼촌이 한 줄의 답변을 보냈다. 내용은

TopCoder

인재씨는 구글에서 검색하여 TopCoder 사이트에 접속해 보았다.

알고리즘 연습하기 좋은 사이트는?

알고리즘을 연습하는 각종 문제들을 제공하는 사이트는 매우 많다. 그 중에서 TopCoder라는 사이트가 오랫동안 사랑을 받아 왔다. 먼저 영어 기반으로 되어 있는 알고리즘을 연습할 수 있는 사이트들을 살펴보자.

TopCoder: https://www.topcoder.com/

온라인으로 다른 개발자들과 경쟁할 수 있는 알고리즘 도전들을 제공한다.

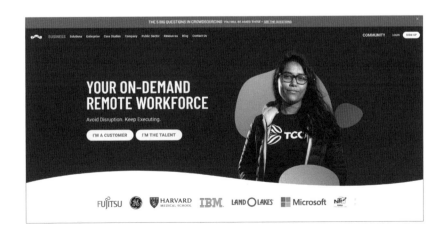

Coderbyte: https://www.coderbyte.com/

200개 이상의 코딩 도전 문제들을 제공하며, 10개 이상의 프로그래밍 언어를 지원한다.

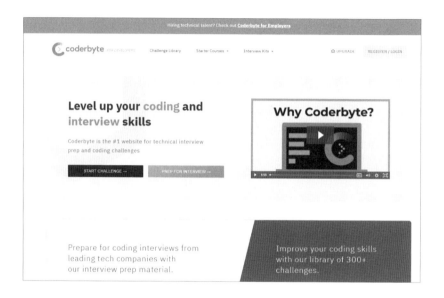

Project Euler: https://projecteuler.net

수백 개의 컴퓨터 공학 및 수학적인 코딩 문제들을 제공한다. 하지만, 온라인상에서 코드를 작성하는 기능을 제공하지는 않는다. 문제를 로컬 PC에서 해결한 후, 코드를 넘기는 방식으로 사용 가능하다.

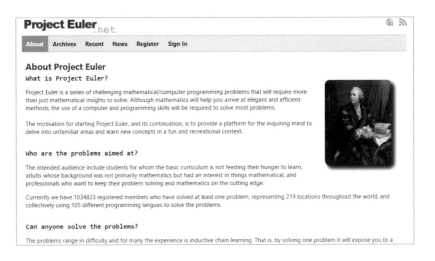

HackerRank: https://www.hackerrank.com/

알고리즘, 수학, SQL, AI 등과 관련된 문제들을 제공한다. 약간 특이한 점은 특정 회사에서 제공하는 문제들도 있으며, 그 문제들을 해결할 경우 이력서를 제출할 수 있는 기능도 제공한다.

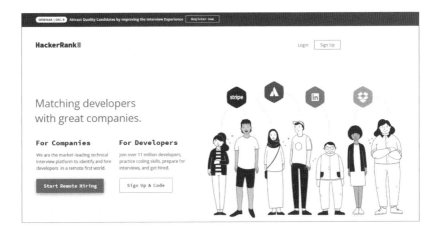

여기에 명시된 사이트들을 방문해 보면 알겠지만 모두 영어 기반으로 되어 있다. 앞으로 계속 IT업계에서 일을 하고 싶다면 영어는 기본이 되어야 하지만, 모두가 영어를 잘 하는 것은 아니다. 그래서, 우리나라에서 제공하는 온라인 알고리즘 사이트도 정리했다.

백준 온라인 저지: https://www.acmicpc.net

기초부터 알고리즘을 다지기 좋은 사이트다.

알고스팟: https://algospot.com

알고리즘 서적을 집필한 저자가 직접 운영하는 사이트로 취업을 하기 위한 알고리즘 공부를 하기 좋은 문제들을 제공한다.

이 외에도 다양한 알고리즘 연습 사이트가 존재한다. 더 많은 사이트를 찾아보고 싶다면 구글에서 "알고리즘 연습 사이트"나 "algorithm exercise"로 검색을 해 보면 많은 사이트들을 접할 수 있을 것이다.

알고리즘 공부하기 좋은 절차

알고리즘을 공부하려면 보통 자료구조부터 알아야만 한다. 자료구조를 어느 정도 공부한 다음에는 각종 알고리즘에 특화된 내용들을 살펴봐야만 한다. 이 장에서는 자바 기반의 자료구조를 제공하는 Collection에 대해서 살펴보고, 다음 장에서 각종 알고리즘 문제들을 풀기 위해 알아야 할 내용들을 간단히 살펴볼 예정이다.

이 책은 알고리즘을 전문적으로 다루는 책은 아니다. 그래서, 알고리즘에 대한 내용들은 간단히 맛보기만 살펴볼 예정이다. 알고리즘에 대해서 자세히 살펴보고 싶은 독자들은 필자보다 알고리즘을 훨씬 잘 알고 있는 다른 저자분들이 쓴 두꺼운 책들을 참고해야만 한다.

일반적인 웹 개발자들이 알고리즘을 잘 알고 있으면 좋겠지만, 실제 현업에서 개발할 때 알고리즘을 적용해서 구현하는 일은 1년에 1주일도 안 될 것이다.

만약 여러분이 지도 서비스를 제공하거나, 각종 통계 데이터를 제공하는 일을 한다면 알고리즘을 매일 밥먹듯이 고민하고 최적화하는 노력을 해야만 한다. 알고리즘은 IT 세상에서 알고 있으면 좋은 것이지, 반드시 알고리즘 전문가가 될 필요는 없다.

그래서, 이 장과 다음 장에서 설명하는 알고리즘이 이해가 되지 않는다고 해서 너무 좌절할 필요는 없다. 하지만, "그래 난 상관없는 분야야"라고 단정 짓고 그냥 무시하지는 않았으면 좋겠다. 최대한 이해하려고 노력은 해야만 한다.

간혹 면접을 지원한 지원자 중에는 "코딩 면접을 보면 면접 불참하겠습니다." "코딩 면접이 처음이라서 …"라는 분들이 있다. 코딩 면접을 본다고 해서 겁부터 내는 분들이 있는데, 대부분의 회사는 알고리즘을 아주 잘 풀어내는 사람만 필요한 것이 아니다. 어느 정도 코딩을 할 줄 아는지를 보려는 것이지, 암기 + 응용력이 매우 필요한 알고리즘 문제가 IT 분야에서 인생을 사는 데 전부는 아니라는 점을 꼭 기억해 주기 바란다.

알고리즘의 복잡도를 나타내기 위한 Big O 표기법

앞 장에서도 언급하였듯이 알고리즘을 공부하다 보면 복잡도를 표시하는 부분이 있다. 이 복잡도는 여러 방법으로 나타낼 수 있지만 일반적으로는 Big O 표기법을 사용한다. 이 방식은 알고리즘의 효율성을 가장 많은 상한선의 값을 기준으로 사용한다. 만약 여러분이 작성한 프로그램이 다음과 같은 효율성을 갖는다면,

$$f(n) = n^2 + 4n + 4$$

이 프로그램의 빅오 표기법은 $O(n^2)$으로 나타낼 수 있다. 이러한 빅오 표기법으로 값을 정할 때에는 두 가지 무시하는 법칙이 있다.

1. 상수는 무시

   여기서 $4n$과 같은 값은 n이 엄청나게 클 때, 이 값이 증가하는 것에 비교하면 무시할 수 있는 정도이기 때문에 4와 같은 상수값은 대부분 무시한다.

2. 영향력 없는 항 무시

   $n^2 + 4n + 4$에서 $4n+4$는 n의 값이 엄청 클 때 n^2에 비하여 큰 영향을 주지 않기 때문에 무시된다.

그런데 이러한 공식들은 어떻게 만들어질까?

- 1

  값을 간단하게 할당하는 수준으로 사용할 때를 의미한다. 데이터의 양과 상관없이 일정한 시간을 가지면 상수값을 가진다.

- n

  보통 데이터의 개수만큼 for 루프와 같은 반복문을 한번 사용할 때를 의미한다. 만약 별도로 반복문을 두번 사용하게 되면 $2n$이 된다.

- n^2

  보통 이중 반복문을 사용하면 이와 같이 n^2이 된다. 효율성이 좋지 않은 방식 중 하나다.

- $\log n$

  데이터가 많아져도 시간이 조금씩 늘어날 때를 의미한다. 나중에 살펴볼 이진 검색(binary search)이 여기에 속한다.

- $n \log n$

  데이터들을 작은 단위로 쪼개서 각각에 대해서 처리한 후, 나중에 다시 하나로 모으는 방식을 사용할 때가 여기에 속한다. n이 두배로 늘어나면 실행시간은 2배보다 약간 더 늘어난다. 퀵 정렬과 병합 정렬이 여기에 속한다.

지금까지 살펴본 각 빅오 표기 값에 따른 성능을 분석해 보면 다음과 같은 차이가 발생한다.

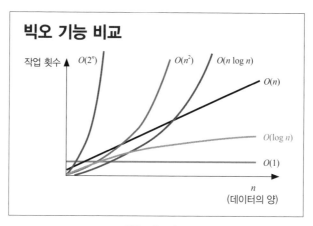

빅오 기능 비교

즉, $1 < \log n < n < n \log n < n^2 < 2^n$ 순으로 성능의 차이가 발생한다. 이 빅오 표기법에 대한 자세한 설명은 알고리즘 전문 서적에 자세하게 정리되어 있으므로 그 책들을 참고하기 바란다.

자바의 Collection

자바에는 java.util 패키지에 Collection이라는 인터페이스가 존재한다. 이 인터페이스를 구현(implements)한 클래스들은 이름 끝에 List, Set, Queue, Deque와 같은 단어들이 포함된다. 자바를 어느 정도 공부하고 사용해 본 분들은 이 클래스들이 모두 목록형에서 파생된 것을 알고 있을 것이다. 기본적인 기능이나 역할도 다르고, 각각의 용도가 있어서 태어난 클래스들이다.

이 외에 자바의 기본적인 자료형 중 많이 사용하는 것은 java.util 패키지에 있는 Map 인터페이스이다. Map 인터페이스를 구현한 클래스들은 대부분 Map이라는 단어로 끝난다. 먼저 방금 이야기한 클래스들의 특징을 간단히 살펴보자.

List

리스트는 대부분 배열과 유사하다. 배열과 가장 큰 차이는 배열은 크기를 객체 생성 시 정하지만, 리스트는 크기를 증가시킬 수 있다는 점이다.

Set

셋은 리스트와 비슷하지만, 리스트는 기본적으로 순서를 보장하고 중복을 허용하지만, 셋은 순서 보장보다는 중복된 값을 허용하지 않고 저장하는 데 사용된다. 그래서 중복되는 값을 허용하지 않는 기능이 필요할 때 리스트보다는 셋을 사용하는 것이 좋다.

Queue

큐도 리스트와 유사하지만, 가장 처음에 있는 값을 꺼내는 기능에 특화된 클래스라고 보면 된다. 데이터를 차곡차곡 쌓고 꺼내는 기능이 필요할 때 큐를 사용하는 것이 좋다. 보통 LIFO(Last In First Out) 기능, 즉 마지막에 들어간 값을 처음에 꺼낼 때 사용한다.

Deque

덱은 "double ended queue"의 약자로 "deck"과 같이 발음한다. 맨 앞의 값뿐만 아니라 맨 뒤에 있는 값도 수시로 꺼내야 하는 기능이 필요할 때 사용한다.

Map

맵은 키(key)와 값(value)의 쌍으로 이루어진 값을 처리할 때 사용한다.

간단하게 Collection과 Map에 대해서 살펴봤으니 어떤 유형의 문제들이 나오는지 같이 살펴보자.

Collection의 응용 – 리스트와 배열, 셋

리스트 및 배열과 관련된 것은 보통 목록 안에 있는 데이터를 조회하고 분석하는 문제들이 많다. 간혹 문제에 따라서는 "셋"을 사용하는 것이 효율적일 수 있다. 어떤 유형의 문제들이 있는지 살펴보자.

숫자 중복과 관련된 문제들

목록에 중복된 숫자를 찾아 출력하는 코드를 작성하라.

입력값 :

{0,1,3,2,3,4,5,4}

출력값 :

3, 4

목록에서 중복된 숫자를 제거한 목록을 리턴하는 코드를 작성하라.

입력값 :

{0,1,3,2,3,4,5,4}

출력값 :

{0,1,3,2,4,5} or {0,1,2,3,4,5}

힌트 이 문제는 "셋"을 사용하면 아주 간단하게 해결할 수 있다.

정렬 및 최대, 최소값 관련 문제들

목록에서 가장 큰 숫자를 찾아 리턴하는 코드를 작성하라.

입력값 :

{19,20,99,22,33,100,101,1}

리턴값 :

101

목록에서 두번째로 가장 큰 숫자를 찾아 리턴하는 코드를 작성하라.

입력값 :

{19,20,99,22,33,100,101,1}

리턴값 :

100

목록에서 다섯번째로 가장 큰 숫자를 찾아 리턴하는 코드를 작성하라.

입력값 :

{19,20,99,22,33,100,101,1}

리턴값 :

22

참고 위의 두 문제는 각종 예외상황이 많이 발생할 수 있다.

예를 들어 목록에 같은 숫자가 두개만 있거나, 숫자가 하나만 있거나 하는 등등의 가능한 모든 예외상황에 대한 고려를 해야만 한다.

만약 칠판이나 종이 등에 쓰는 손 코딩일 경우에는 예외적인 상황에 대한 고려가 어떻게 되어야 하는지 면접관에게 질문을 해보고, 가이드를 주면 가이드대로, 알아서 하라고 하면 본인의 생각을 정리하여 코드에 녹여야만 한다.

그런데, 여기서 중요한 것은 예외상황을 고려하다가 기본적인 기능도 제대로 구현하지 못할 수도 있다. 따라서, 먼저 기본적인 고려사항에 대한 코딩을 마친 후 예외상황에 대한 질문을 하는 것이 좋다.

그리고, 예외상황들이 도출되고 해당 코드가 제대로 동작하는지를 제대로 파악하기 위해서는 그에 맞는 테스트 케이스들을 만들어 옆에 따로 정리해 주면 코딩 면접에서 많은 점수를 받을 수 있을 것이다.

주어진 목록에서 연속으로 나열할 수 있는 개수를 구하시오.

입력값 :

{10, 4, 20, 1, 3, 2, 5}

결과값 :

5

힌트 {1,2,3,4,5}가 만들어질 수 있음

Collection의 응용 – 큐와 덱

큐와 덱은 비슷한 듯 다르다. 큐는 한쪽 끝에 대한 데이터를 처리하는 데 사용하지만, 덱은 양쪽 끝의 데이터를 처리할 필요가 있을 때 사용한다.

큐와 덱의 차이에 대해서는 java.util.Deque 인터페이스의 API 문서에 아주 자세하게 설명되어 있다. (구글에서 java Deque API라고만 검색하면 API 문서를 바로 확인할 수 있다.) 자바에서는 LinkedList 가 대표적인 큐라고 할 수 있는데, LinkedList는 덱이기도 하면서 목록형이기도 하다.

이와 같은 큐와 덱 관련 코딩 문제 중 가장 일반적인 질문은 다음과 같다.

- 큐를 구현하시오.

- 덱을 구현하시오.

만약 시간의 여유가 있다면 한 시간 내로 큐나 덱을 구현해야 한다.

여러 번 이야기했듯이 이러한 문제를 내는 이유는 프로그램을 정말 잘 작성하는지를 보고 싶은 것도 있지만, 얼마나 커뮤니케이션을 잘 하면서 개발을 하는지, 각 기능을 구현하는 데 필요한 기능은 무엇인지 등에 대해서 생각하고 구현하는 모습을 보기 위함이다.

이 질문에 답은 구글에서 "implement java queue(deque)"으로 검색해 보면 여러 구현 샘플을 확인해 볼 수 있다.

추가로 어떤 문제들이 나올 수 있는지 살펴보자.

숫자 n을 받아서 n까지의 2진수 값을 큐를 사용하여 출력하라.

```
입력값 :
--------------------------------------------
5
출력값 :
--------------------------------------------
1 10 11 100 101
```

이 문제의 답은 아래 링크에 있다.

https://www.techiedelight.com/generate-binary-numbers-1-n/

이 문제를 보면 알겠지만 큐는 보통 이(2)진 트리(binary tree)를 처리하는 데 많이 사용된다. 이진 트리에 대한 자세한 설명은 알고리즘 전문서적에 설명된 내용을 참고하기 바란다.

Collection의 응용 – 맵

맵은 키와 값으로 구성되는 목록형과 다른 자료형이다. 그래서, 대부분의 맵은 데이터의 순서보다는 데이터를 보다 빠르게 찾고 정렬하는 용도로 사용한다.

Map에도 여러 가지 종류의 Map이 있으니 구현된 클래스들에는 어떤 것들이 있는지 직접 API 문서를 확인하고 정리해 보기 바란다. 아무리 여기서 설명을 해봤자 기억이 잘 안 될 것이다. 내 머릿속에 남으려면 직접 정리하는 것도 좋은 방법이다.

주로 많이 사용하는 맵은 HashMap, TreeMap, Hashtable, Linked HashMap 등이므로 이 맵들에 대해서 각각의 장단점을 직접 확인해 보면 분명히 도움이 될 것이다.

그러면 맵을 활용하여 해결할 수 있는 문제에는 어떤 것들이 있는지 살펴보자.

문자열을 입력받아 각 문자별 개수를 출력하는 코드를 작성하라.

```
입력값 :
-------------------------------------------------
"java"

출력값 :
-------------------------------------------------
"a=2, j=1, v=1"
```

목록을 입력받아, 각 단어별 개수를 출력하는 코드를 작성하라

입력값 :

{"car", "cow", "chicken", "pig", "dog", "car", "pig"}

출력값 :

car=2, pig=2, chicken=1, cow=1, pig=1

이 두개의 문제를 해결하는 방식은 거의 유사하다. 각 데이터별로 맵에 기존 값이 있는지 여부를 체크하여 하나씩 더해가면 된다.

정리하며

Collection과 Map은 현업에서 개발하면서 가장 많이 사용하는 기본 중의 기본이다.

각 타입의 특성을 잘 알아야 개발도 잘할 수 있고, 면접에도 잘 대응할 수 있다. 보통 이와 관련된 문제들은 워밍업 차원에서 제공되는 문제이기 때문에 관련된 문제들을 많이 찾아보고 반드시 많은 연습을 해보는 것이 좋다.

4-2 시험에 많이 나오는 알고리즘 – 고급

알고리즘 책도 어느 정도 보고, 기본적인 컬렉션을 활용하는 간단한 알고리즘 문제를 풀 수 있는 실력이 된 인재씨는 자신감이 붙은 상태가 되었다. 그래서, 삼촌에게 메신저를 보냈다.

삼촌 이제 어느 정도 준비(?)가 된 것 같아요.

 그래?
오 ~ 대단한 걸!
그러면 이거 풀어볼래?
"숫자들을 순서대로 나열하시오. 단 개발언어에서 제공하는
정렬 라이브러리를 사용하면 안 됨."

 저….정렬이요?
라이브러리가 있는데 왜 굳이 사용을 못하게!

 상황은 어떻게든 될 수 있어.
네가 쉬운 문제를 풀면, 그 다음 스텝은 어려운 문제로 넘어갈
수 있거든.
대부분의 알고리즘 문제는 이것들의 응용이라고 보면 되는거야.

주로 많이 출제되는 알고리즘 문제의 유형

일반적으로,

- 정렬

- 탐색

- 그래프

문제가 많이 출제가 된다.

물론 기업에 따라서 이 범위를 벗어나는 문제를 제출하기도 하지만, 이 정도의 문제를 풀면 웬만한 코딩 시험은 통과할 수 있다. 문제를 매년 새롭게 만들어 내는 기업도 이 내용들을 응용하여 문제를 만든다.

앞서 이야기한 대로 알고리즘 심화 내용에 대해서는 전문 알고리즘 책을 하나 구비하여 문제를 풀어 보면서 익히는 것이 가장 좋다. 이 장에서는 각각에 대해서 이론적인 부분에 대해서 간단히 살펴보고, 자세한 예제에 대해서는 알고리즘 전문 서적을 참고하기 바란다.

정렬

정렬은 자료들을 목적에 맞게 순서대로 재배열 하는 것을 말하며, 영어로 sorting이라고 한다. 그래서 보통 정렬은 배열이나 목록 형태로 결과가 나오는데, 가끔은 문자열 형태로 결과를 요구하는 경우도 있다.

정렬은 지금까지 지속적으로 발전해 왔는데, 정렬하는 방식에 따라서 다음과 같은 종류들이 존재한다.

선택(selection) 정렬

목록의 첫번째 위치부터 최소값을 찾아서 앞으로 이동하는 방법이다. 목록의 크기가 작으면 빠르지만, 커질수록 속도가 매우 느려지는 단점이 존재한다.

선택 정렬 코드를 자바로 구현하면 다음과 같다.

```
void selectionSort(int[] list) {
    int indexMin, tempValue;
    int listLength=list.length;
    for (int outLoop = 0; outLoop < listLength - 1; outLoop++) {
        indexMin = outLoop;
        System.out.println(outLoop+":"+Arrays.toString(list));
        for (int inLoop = outLoop + 1; inLoop < listLength; inLoop++) {
            if (list[inLoop] < list[indexMin]) {
                indexMin = inLoop;
            }
        }
        tempValue = list[indexMin];
        list[indexMin] = list[outLoop];
        list[outLoop] = tempValue;
    }
}
```

이 코드에,

```
int[] list={9,8,7,6,5,4,3,2,1};
```

이러한 목록이 매개변수로 넘어간다면 다음과 같은 결과가 출력된다.

```
0:[9, 8, 7, 6, 5, 4, 3, 2, 1]
1:[1, 8, 7, 6, 5, 4, 3, 2, 9]
2:[1, 2, 7, 6, 5, 4, 3, 8, 9]
3:[1, 2, 3, 6, 5, 4, 7, 8, 9]
4:[1, 2, 3, 4, 5, 6, 7, 8, 9]
5:[1, 2, 3, 4, 5, 6, 7, 8, 9]
6:[1, 2, 3, 4, 5, 6, 7, 8, 9]
7:[1, 2, 3, 4, 5, 6, 7, 8, 9]
```

0번째에는 초기에 넘어간 배열이 그대로 출력되었다.

그리고, outLoop의 값이 증가하면서 정렬되지 않은 값과 현재 위치의 값들이 변경되는 것을 확인할 수 있다.

그래서 4번째 이후부터는 모든 정렬이 완료되었지만, 컴퓨터는 모든 정렬이 완료되었다는 사실을 잘 알지 못하기 때문에 무의미한 반복 작업이 이루어진 것을 볼 수 있다.

버블(bubble) 정렬

목록의 첫번째 위치부터 바로 다음 값과 비교하여 작은 값을 왼쪽에, 큰값을 오른쪽에 오도록 위치를 바꾸는 방법이다.

그래서, 한번 수행하고 나면 가장 우측에 가장 큰 값이 존재하게 되고, 다시 끝에서 두번째 값까지 비교하면서 가장 큰 값이 끝에서 두번째에 위치하게 된다.

```
void bubbleSort(int[] list) {
    int tempValue;
    int listLength=list.length;
    for(int outLoop = 0; outLoop < listLength; outLoop++) {
        System.out.println(outLoop+":"+Arrays.toString(list));
        for(int inLoop= 1 ; inLoop < listLength; inLoop++) {
            if(list[inLoop]<list[inLoop-1]) {
                tempValue = list[inLoop-1];
                list[inLoop-1] = list[inLoop];
                list[inLoop] = tempValue;
```

```
            }
         }
      }
   }
```

이 코드에,

```
int[] list={9,8,7,6,5,4,3,2,1};
```

이러한 목록이 매개변수로 넘어간다면 다음과 같은 결과가 출력된다.

```
0:[9, 8, 7, 6, 5, 4, 3, 2, 1]
1:[8, 7, 6, 5, 4, 3, 2, 1, 9]
2:[7, 6, 5, 4, 3, 2, 1, 8, 9]
3:[6, 5, 4, 3, 2, 1, 7, 8, 9]
4:[5, 4, 3, 2, 1, 6, 7, 8, 9]
5:[4, 3, 2, 1, 5, 6, 7, 8, 9]
6:[3, 2, 1, 4, 5, 6, 7, 8, 9]
7:[2, 1, 3, 4, 5, 6, 7, 8, 9]
8:[1, 2, 3, 4, 5, 6, 7, 8, 9]
```

순차적으로 앞 뒤 숫자를 비교하며 자리를 바꾸기 때문에, 처음에는 9만 맨 뒤로, 그 다음에는 8이 맨 뒤로 자리를 이동하면서, 맨 마지막에는 1이 맨 앞으로 온 것을 볼 수 있다.

삽입(insertion) 정렬

목록이 부분적으로 정렬되어 있는 상태에서, 정렬되어 있는 부분을 사이 사이에 삽입하는 방법이다.

```java
void insertionSort(int[] list) {
    int listLength=list.length;
    for(int outLoop = 1 ; outLoop < listLength ; outLoop++){
        System.out.println(outLoop+":"+Arrays.toString(list));
        int tempValue = list[outLoop];
        int position = outLoop - 1;

        while( (position >= 0) && ( list[position] > tempValue ) ) {
            list[position+1] = list[position];
            position--;
        }
        list[position + 1] = tempValue;
    }
    System.out.println("Final:"+Arrays.toString(list));
}
```

이 코드에,

```java
int[] list={9,8,7,6,5,4,3,2,1};
```

이러한 목록이 매개변수로 넘어간다면 다음과 같은 결과가 출력된다.

```
1:[9, 8, 7, 6, 5, 4, 3, 2, 1]
2:[8, 9, 7, 6, 5, 4, 3, 2, 1]
3:[7, 8, 9, 6, 5, 4, 3, 2, 1]
4:[6, 7, 8, 9, 5, 4, 3, 2, 1]
5:[5, 6, 7, 8, 9, 4, 3, 2, 1]
6:[4, 5, 6, 7, 8, 9, 3, 2, 1]
7:[3, 4, 5, 6, 7, 8, 9, 2, 1]
8:[2, 3, 4, 5, 6, 7, 8, 9, 1]
Final:[1, 2, 3, 4, 5, 6, 7, 8, 9]

Process finished with exit code 0
```

퀵(quick) 정렬

목록 안의 한 요소를 선택하여 이 값보다 작은 것을 왼쪽으로, 큰 것을 오른쪽으로 옮긴 후에 그 왼쪽에 있는 목록과 오른쪽에 있는 목록에 대해서 동일한 작업을 반복하는 방법이다. 나눈 부분이 더 이상 분할되지 않을 때까지 정렬을 지속적으로 수행한다.

```java
void quickSort(int[] list, int left, int right) {
    System.out.println("left="+left+" right="+right+":
                        "+Arrays.toString(list));
    int lowIndex, highIndex, pivot;
    if (left < right) {
        lowIndex = left;    highIndex = right;
        pivot = list[(left+right)/2];

        while (lowIndex < highIndex) {
            System.out.println("lowIndex="+lowIndex+
                               "highIndex="+highIndex+":
                               "+Arrays.toString(list));
            while (list[highIndex] > pivot) highIndex--;
            while (lowIndex < highIndex && list[lowIndex] < pivot)
                    lowIndex++;
            int tempValue = list[lowIndex];
            list[lowIndex] = list[highIndex];
            list[highIndex] = tempValue;
        }
        quickSort(list, left, lowIndex - 1);
        quickSort(list, lowIndex + 1, right);
    }
}
```

퀵 정렬은 대부분 재귀호출을 하기 때문에 재귀호출에 대한 이해가 높지 않은 분들은 이 코드들을 봐도 의미를 알기 어려울 수도 있다. 이 코드에,

```
int[] list={9,8,7,6,5,4,3,2,1};
```

이러한 목록이 매개변수로 넘어간다면 다음과 같은 결과가 출력된다.

```
left=0 right=8:[9, 8, 7, 6, 5, 4, 3, 2, 1]
lowIndex=0 highIndex=8:[9, 8, 7, 6, 5, 4, 3, 2, 1]
lowIndex=0 highIndex=8:[1, 8, 7, 6, 5, 4, 3, 2, 9]
lowIndex=1 highIndex=7:[1, 2, 7, 6, 5, 4, 3, 8, 9]
lowIndex=2 highIndex=6:[1, 2, 3, 6, 5, 4, 7, 8, 9]
lowIndex=3 highIndex=5:[1, 2, 3, 4, 5, 6, 7, 8, 9]
left=0 right=3:[1, 2, 3, 4, 5, 6, 7, 8, 9]
lowIndex=0 highIndex=3:[1, 2, 3, 4, 5, 6, 7, 8, 9]
…
이하 생략
```

이 예제는 1부터 9까지가 거꾸로 되어 있어 이와 같이 처음 while 루프를 마치고 나면 모든 정렬이 끝난다. 그래서 그 이하 결과는 생략을 했으며 직접 확인해 보기 바란다.

병합(merge) 정렬

분할 정복, 보통 Divide and Conquer라는 알고리즘의 일종으로, 배열의 크기가 1이 될 때까지 분할하고 다시 합치면서 값을 비교하여 정렬하는 방법이다.

이 모든 방식을 암기하고 있으면 좋겠지만, 데이터의 크기나 용도에 따라서 가장 적합한 정렬 방식을 사용하는 것이 좋다. 여기서 각각의 정렬 방식에 대한 복잡도는 다음과 같다.

- $O(n^2)$: 선택, 버블, 삽입
- $O(n \log n)$: 퀵, 병합

지금까지 정렬에 대해 알아봤다. 정렬은 데이터를 원하는 순서대로 나열하기 위해서 사용하는데, 데이터를 처리함에 있어서 필요한 데이터를 찾는 방법을 알아보자.

완전 탐색과 이분 탐색

탐색은 영어로 Search이다. 즉 보통 이야기하는 검색을 뜻한다. 어떤 목록에서 특정 대상이 존재하는지를 확인하거나, 답을 찾을 때 사용된다.

여러 탐색 기법들이 있지만 이 절에서는 먼저 간단한 완전 탐색과 이분 탐색에 대해서 살펴보자.

완전 탐색

가능한 모든 경우의 수를 다 확인해서 값을 찾는 방법이다. 데이터의 개수만큼 시간이 소요된다. 완전 탐색의 기법에는 재귀함수, 너비 우선 탐색(BFS), 깊이 우선 탐색(DFS) 등의 방법들이 존재한다. BFS와 DFS에 대해서는 잠시 뒤에서 자세히 살펴보자.

이분 탐색

해당 목록이 작은 값에서 큰 값 순서로 정렬되어 있다는 조건 하에 진행되는 탐색 기법이다. 찾으려는 값에 대해서 가운데 값을 확인하여 비교해 보고, 찾는 값과 큰지, 작은지를 비교하여 작다면 왼쪽에서, 크다면 오른쪽에서 다시 가운데 값을 비교해 보는 방식이다.

글로만 설명하면 이해가 안 되니 실제 예제를 통해서 살펴보자. 다음과 같이 홀수가 나열되어 있을 때 탐색을 성공하는 경우와 실패하는 경우로 나누어 생각해 보자.

이와 같이 데이터는 정렬되어 있고, 반씩 나누어 탐색하는 것은 $O(\log n)$의 복잡도를 가진다. 그런데, 보통의 경우에는 처음부터 순차적으로 데이터를 찾으려고 할 것이다.

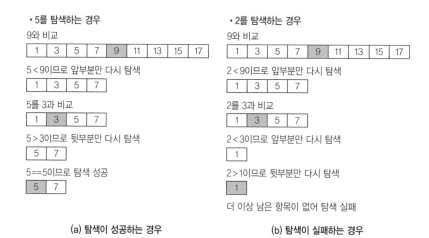

<table>
<tr><td>

• 5를 탐색하는 경우

9와 비교

| 1 | 3 | 5 | 7 | 9 | 11 | 13 | 15 | 17 |

5 < 9이므로 앞부분만 다시 탐색

| 1 | 3 | 5 | 7 |

5를 3과 비교

| 1 | 3 | 5 | 7 |

5 > 3이므로 뒷부분만 다시 탐색

| 5 | 7 |

5 == 5이므로 탐색 성공

| 5 | 7 |

(a) 탐색이 성공하는 경우

</td><td>

• 2를 탐색하는 경우

9와 비교

| 1 | 3 | 5 | 7 | 9 | 11 | 13 | 15 | 17 |

2 < 9이므로 앞부분만 다시 탐색

| 1 | 3 | 5 | 7 |

2를 3과 비교

| 1 | 3 | 5 | 7 |

2 < 3이므로 앞부분만 다시 탐색

| 1 |

2 > 1이므로 뒷부분만 다시 탐색

| 1 |

더 이상 남은 항목이 없어 탐색 실패

(b) 탐색이 실패하는 경우

</td></tr>
</table>

하지만, 이렇게 데이터가 적을 때에는 상관없지만, 데이터가 100만개나 1억개가 있을 경우 맨 마지막에 있는 값을 찾기 위해서 순차적으로 데이터를 찾는다면 맨 처음부터 데이터를 찾기 때문에 무조건 n개 만큼의 데이터를 확인해야만 처리가 가능할 것이다. 단, 정렬이 되어 있어야 한다는 조건이 있기 때문에 상황에 맞게 이진 탐색을 사용하는 것이 좋다.

깊이 우선 탐색과 너비 우선 탐색

이번에는 맹목적인 탐색 기법에 대해서 알아보자. 맹목적인 탐색 기법이라는 이름이 정해진 이유는 가용한 모든 경우에 대해서 탐색하기 때문이다.

이 방식은 목록처럼 선형 데이터를 처리하는 데도 처리할 수 있지만 그래프와 같이 연결된 지점들 사이의 관계를 찾아내는 데에도 많이 활용된다.

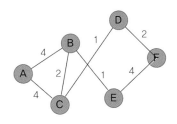

여기서 A, B, C, D, E, F가 각각의 노드이며, 노드 간에 연결된 선이 간선, 그리고 선 위에 적혀 있는 숫자가 가중치를 뜻한다.

자동차 내비게이션에서 길찾기를 할 때 주요 지점이 노드이고, 각 도로가 간선, 교통 혼잡도가 각각의 가중치라고 생각하면 이해가 쉬울 것이다.

깊이 우선 탐색(DFS, Deep First Search)

이 방식은 다음 레벨로 이동하면서 탐색하고, 못찾으면 다시 돌아가서 찾아봐야 하기 때문에 현재 탐색하는 위치를 스택에 쌓으면서 탐색하는 기법이다.

너비 우선 탐색(BFS, Breadth First Search)

같은 레벨의 탐색을 마친 후에 다름 레벨로 이동하는 탐색 기법이다. 탐색을 하면서 다음 레벨을 큐에 쌓아 두면서 순서대로 탐색하는 기법이다.

탐색 기법과 관련된 문제들은 다양하다. 이 책에서 그러한 탐색 기법에 대한 한 가지 예제만을 갖고 설명하기에는 부족하다. 따라서, 이러한 탐색 알고리즘에 대해서는 반드시 알고리즘 서적을 구매해서 세부적인 내용들을 익히는 것을 권장한다.

대부분의 기업에서 나오는 문제이기 때문에 탐색과 같은 고급 알고리즘 기술에서 당락이 결정된다고 생각해도 과언이 아니다.

정리하며

지금까지 아주 간단하게 알고리즘에 대해서 훑어봤다. 이렇게 간단하게 이론적인 것만 배우고 코딩 면접에 들어가면 100% 탈락한다. 전문 알고리즘 서적을 구매해서 여러분의 알고리즘 역량을 높여야만 한다.

이 알고리즘 공부는 적어도 3개월에서 1년 이상은 꾸준하게 수련해야만 원하는 수준에 도달 가능하다.

누가
IT시장 취업에
성공하는가
신입 경력 지원자와 면접관을 위한 지침서

chapter 05

자바 개발자를 위한
기술 면접 가이드

개발을 많이 해본 분들도 면접을 볼 때
나도 모르게 버벅거리는 경우가 많습니다.
내가 잘 아는프로그래밍 언어라도 면접을 위해서는
어느 정도 준비가 필요합니다.

5-1 면접에 많이 나오는 자바 질문 - 초급 질문

알고리즘 공부에 지친 인재씨는 삼촌에게 저녁을 사달라고 졸라서 삼촌의 회사 근처로 놀러 갔다.

 뭐 먹을래?

 저는 아무거나 잘 먹습니다.

 그러면 회 먹을래?

 날 것은 안먹습니다.

뭐든 잘 먹는다며?

그러면 연어회를 먹자.

ㅎㅎㅎ

농담이고, 그러면 삼겹살이나 먹으러 가자.

 네.

이제 뭘 공부하면 되나요?

 기본기를 다져.

네가 학교에서 배운 개발 언어나, 운영체제 등에 대한 지식이

있어야 해.

삼촌네 회사는 자바를 사용하기 때문에 자바 기반의 문제를

많이 내지.

예를 들면 말이야…

String

보통 코딩 문제가 끝난 이후에는 기술적인 능력이 어느 정도 되는지 알아보기 위해서 해당 언어에 대한 심화 질문을 많이 한다.

이 장 이후로는 신입사원 면접보다는 경력 사원 면접을 볼 때 기술적으로 많이 물어보는 문제들에 대해서 같이 살펴보자. 되도록이면 문제에 대한 기본적인 질문을 던지고, 그 해답은 스스로 찾아보는 방식으로 살펴볼 것이다. 그래야 내것으로 만드는 데 도움이 되기 때문이다. 다만 각 이슈에 대한 설명

은 아주 간단히 필자가 해줄 것이다. 그 주제에 대한 내용은 직접 상세한 내용을 찾아보는 것을 권장한다.

조금 더 여유가 있다면 필자가 집필했던 〈자바 성능 튜닝 이야기〉(인사이트)와 〈자바 트러블슈팅〉(제이펍) 책에 자세하게 정리되어 있으니 두 책을 추가로 보는 것을 추천한다. 만약 더 기초적인 내용이 부족하다면 〈자바의 신〉(로드북)을 봐야 기초를 단단히 다질 수 있다. 따라서, 이 책에서는 간단하게 주요 요점에 대해서만 살펴보자.

String, StringBuilder, StringBuffer 차이

자바로 개발할 때 String은 불변 객체이기 때문에 + 연산으로 계속 더할 경우 메모리를 많이 사용하는 단점이 있다. 따라서, String 대신 StringBuilder나 StringBuffer, StringJoiner를 사용하는 것을 권장한다.

StringJoiner에 대해서는 잠시 뒤에 살펴보고, 먼저 StringBuilder, StringBuffer에 대해서 알아보자. StringBuilder와 StringBuffer의 가장 큰 차이는 여러 쓰레드에서 동시에 작업을 할 때 안전한지 여부다. StringBuffer는 쓰레드에 안전하고, StringBuilder는 쓰레드에 안전하지 않다. 이 정도는 대부분 개발자가 알고 있을 것이다.

그렇다면, 메소드 안에서 선언하여 사용할 때에는 어떤 것을 사용하는 것이 가장 좋을까?

1. StringBuffer

2. StringBuilder

3. 둘 중 어느 것을 사용해도 크게 차이는 없다.

 여기에 답과 이유를 적어보자!!

StringJoiner는 나름 최근에 만들어진 클래스라서 문자열을 더할 뿐만 아니라 더한 글자 사이에 공통적으로 넣을 것이 있을 때 사용하는 것이다.

예를 들어 "[a, b, c]"와 같이 문자열 앞 뒤에 [와]를 넣고, 중간에는 ,(쉼표)를 넣고 싶을 때 아주 유용한 클래스다. 자세한 것은 StringJoiner 클래스의 API 문서를 참고하기 바란다.

이제 답을 알아보자. 메소드 안에서 선언하여 사용한다는 것은, 서로 다른 쓰레드와의 경합이 발생하지 않는다는 말이다. 따라서, 쓰레드에 안전한 타입을 사용하는 것은 리소스 낭비가 된다. 그러므로 StringBuilder를 사용하는게 맞다.

Thread

보통 초급 개발자와 중급 개발자를 나누는 경계로 필자가 많이 활용하는 문제는 쓰레드 관련 내용이다. 쓰레드에 대한 가장 기초적인 질문은 다음과 같다.

Q. Process와 Thread의 차이는?

Q. Thread를 선언할 때 사용하는 interface와 class는?

Q. Thread를 실행할 때 사용하는 메소드 이름은?

Q. Thread를 선언할 때 구현하는 메소드 이름은?

만약 여러분이 이 질문에 제대로 답을 못한다면 본인의 수준은 그냥 Java의 상, 중, 하로 따졌을 때 "하"라고 생각하면 된다. 왜냐하면 대부분의 웹 개발자들은 쓰레드를 다룰 일이 없고, 비즈니스 로직을 구현하는 데에만 집중해서 개발하기 때문이다.

그렇게 몇 년을 지낸 후, 어느 정도 주니어 개발자의 딱지를 뗄 정도가 되었을 때 서비스의 각종 추가적인 기능들에 대해서 고민하게 되고, 그러다보면 자연스레 쓰레드에 대해서도 관심을 갖게 된다. (정상적인 경우라면 아마도 가져야만 할 것이다.)

방금 질문했던 내용들만 알고 있다고 "중"급이라고 이야기하기는 살짝 어려울 수도 있다. 왜냐하면 다음의 질문에도 모두 대답할 수 있어야만 하기 때문이다.

Q. Thread의 상태(state)에는 어떤 것들이 있는가?

Q. Thread의 상태 중 WAIT와 TIMED_WAIT의 차이는 무엇인가?

Q. Thread pool을 사용하는 이유는 무엇인가?

Q. Java의 JDK에서 기본으로 제공하는 thread pool에는 어떤 것이 있는지 아는가? 각각의 용도는 무엇인가?

Q. Executor와 Future/Callable의 각각의 역할은 뭐고, 언제 사용하는 것인가?

조금 더 문제가 어려워졌을 것이다. 그런데, 여기에 있는 질문들에 대한 답은 아무리 외운다고 해도 잘 외어지지 않을 것이다. 각각이 필요한 상황이 존재하며, 그때가 되었을 때 열심히 확인해 보지 않으면 눈에 보이는 아무것이나 사용하게 되고 그러면 시스템은 이상하게 동작할 확률이 크다.

그래서 쓰레드에 대한 기본적인 개념은 일반적인 Java 기반의 웹 개발자라면 잘 알고 있어야만 한다.

배열과 List의 차이는?

다음으로 많이 묻는 질문은 Collection에 대한 것이다. Collection에 대해서 살펴보기 전에 먼저 배열과 List의 차이를 알고 있는 것이 중요하다.

설마 ~ 그 차이를 모르겠어? 라고 할 수도 있겠지만, 모르는 분들이 적지 않다. 관련 질문 목록을 살펴보자.

Q. 배열과 List의 차이는 무엇인가요?

Q. 왜 List〈String〉 list = new ArrayList〈〉(); 와 같이 선언할까요?

Q. 앞의 질문에서 꺽쇠(〈〉) 사이에 String이 있는데 이것을 무엇이라고 하나요?

Q. 이 Generic을 사용하는 이유는?

여기에 나온 질문들에 대해서 바로 대답을 하지 못한다면, 게다가 경력 개발자라면 대부분의 면접관의 의견은 비슷할 것이다.

웹 개발을 하면서 가장 일반적으로 개발하는 방식이 프로젝트의 템플릿(template)을 만들고, 그 틀에 맞추어 개발하는 것이다. 이 방식이 잘못된 것은 아닌데, 일반적으로 개발자들의 수준이 매우 상이할 경우, 그리고 빠르게 비슷한 기능들을 찍어 내야 하는 경우에는 이렇게 개발을 한다.

그리고 어느 정도 공통된 틀이 있어야 중간에 어떤 개발자가 빠져서 다른 사람이 개발해야 하는 경우에 쉽게 적응해서 개발할 수 있다.

만약 여러분들이 이러한 틀을 만드는 데 기여하지 않고, 그 틀에 맞추어 개발하는 데에만 집중했다면, 근본적인 이유에 대해서 많이 생각하지 않았을 것이다. 그리고, 이 틀을 만드는 사람의 역량이 매우 부족한 상황이었다면, 그 프로젝트는 오류가 발생해도 쉽게 잡을 수 없고, 비즈니스 로직이 여기저기 흩어져 있을 것이며, 테스트도 쉽지 않고, 뭐 하나 수정을 하려고 하면 엄청나게 많은 시간이 소요되고, 무엇보다도 기능 하나 수정 시 다른 곳에 문제가 생길 확률이 매우 높다. (잠깐 눈물 좀 닦고⋯)

질문에 대한 간단한 답을 해주면, List와 배열의 가장 큰 차이는 크기가 가변인지의 여부다. 그리고, List는 Collection 인터페이스에 속한 인터페이스의 하나이며, 배열은 자바의 기본 데이터 타입 중 하나이며 제공되는 메소드는 없고 length라는 예약어를 활용하여 크기를 확인한다.

172

List〈String〉 list와 같이 객체 선언부에 인터페이스를 사용하는 이유는 구현과 상관없이 해당 객체를 활용하기 위함이며, 〈String〉을 선언해 줌으로써 어떤 타입의 데이터가 해당 list에 들어가는지를 명시적으로 알려준다. 이를 제네릭(generic)이라고 한다.

interface와 abstract 클래스는?

많은 자바 개발자들이 인터페이스와 클래스의 차이를 잘 모른다. 간혹 거꾸로 이야기하는 분들도 있다. 이러한 내용들은 보통 10년차 이상 되는 분들에게는 물어보지 않는다. 그 정도 경력이 있으면 이러한 내용들은 잘 알고 있기 때문이다. 관련된 어떤 질문들이 있는지 살펴보자.

Q. 인터페이스와 abstract 클래스의 차이는?

Q. 인터페이스의 용도는?

Q. abstract 클래스의 용도는?

Q. abstract 클래스와 일반 클래스의 차이는?

Q. final 클래스의 용도는?

Q. 인터페이스의 default 메소드는?

여기서 마지막에 있는 default 메소드는 자바 8에서 처음으로 나온 것이다. 지금까지의 모든 인터페이스에 대한 선언을 무시하는 메소드라고 할 수 있다.

만약 여러분이 마지막 질문을 들었을 때 "그런게 있나요?", "처음 들어보는데요?", "들어만 봤습니다."라고 대답한다면, 게다가 여러분이 개발자들을 리드해야 하는 10년차 이상의 개발자라면 그 면접에서 좋은 점수를 받기는 어려울 것이다.

질문에 대한 간단한 답을 해주면, 인터페이스와 abstract 클래스의 차이는 메소드를 구현하는지 여부에 따라 다르다. 하나라도 구현되어 있는 메소드가 있다면 abstract 클래스로 선언해야만 한다.

그리고 인터페이스의 용도는 공통된 모양새를 갖는 클래스들을 만들기 위한 표준을 선언하는 데 사용한다고 생각하면 된다.

그리고 abstract 클래스는 인터페이스와 비슷하지만, 클래스이고 재활용이 가능한 메소드를 미리 선언할 수 있다는 장점이 있다. 자신을 확장한 클래스의 종류가 많은데 어떤 메소드는 항상 자식 클래스가 별도로 구현해야 한다면, 해당 메소드는 비워 두고 abstract로 선언한 것이 바로 abstract 클래스이다.

final 클래스는 더 이상 확장이 불가능한, 자식을 가질 수 없는 클래스를 의미한다. 가장 대표적인 final 클래스는 String 클래스다. 마지막으로 default 메소드는 하위 호환성을 위해 만들어진, 인터페이스에서 내용을 포함하여 선언할 수 있도록 만들어진 새로운 기능이라고 보면 된다.

정리하며

이 장에서는 자바의 아주 기초적인 내용에 대해서 살펴봤다. 이 기초가 잘 닦여 있지 않으면, 다음 단계로 넘어가기가 매우 어렵다. 다시 말해서 이 장에서 질문하는 내용에 대해서 대답을 잘 못할 경우 면접은 그 상태로 좋지 않은 결과를 남기면서 끝날 수도 있다는 의미이다.

개발자로 살기 위해서는 자기가 떡 주무르듯이 마음대로 사용할 수 있는 개발 언어에 대해서 잘 알고 있어야만 한다. 그렇지 않으면 그냥 템플릿에 만들어져 있는 코드를 찍어내는 일만 해야 할 수도 있다. 내 역량을 인정받고 더 많은 급여를 받고 싶다면 본인의 기본 역량부터 키워야만 한다.

**면접에 많이 나오는
자바 질문 – 중급**

삼촌은 화장실을 다녀 온 후 계속 이야기를 이어 갔다.

 개발자들의 분야는 다양한데, 삼촌은 백엔드 위주로 일을 해서 백엔드 문제들을 많이 내지.
정답은 없지만, 풀 스택(Full stack) 개발자가 되려면 백엔드 부터 시작하는 것이 좋아.

 풀 스택 개발자요? 무슨 풀이요?

 풀 빌라 할때 그 풀! 종이 붙일 때 사용하는 풀이나 수영장 이야기할 때 풀(pool) 말고!

왜 갑자기 화를 내세요~

 개발자로 먹고 살겠다는 사람이 풀 스택 개발자라는 용어를 모르는게 말이 되냐?

 모를 수도 있죠!

 그…그래…
풀 스택 개발자는 프론트(화면)부터 백엔드(서버)까지 전부 직접 개발할 수 있는 사람을 이야기 해. 혼자서…
더 나아간다면 안드로이드나 iOS와 같은 모바일 플랫폼으로 개발까지 할 수 있으면 더 좋고~
가끔 노드(node.js)를 사용해서 자기가 풀스택 개발자라고 하는 분들이 있는데 말이야.

 에이. 그건 아닌 것 같은데요. 노드가 어때서…
삼촌 정말 꼬온…

 아니거든! 실제 서비스가 커지고 사용자가 늘어나면 노드나 파이썬으로 서비스를 운영하는 회사는 거의 없어.

 왜용?

 그 언어들은 개발 시간을 단축시켜 줄 수는 있겠지만, 사용자가 많아지면 성능 개선이 어렵거든. 그래서 보통은 자바를 쓰고 간혹 고랭(GoLang)을 많이 쓰지.
여튼 어느 정도 경력이 되는 자바 기반의 개발자라면 이 정도는 알아야 해.

Thread pool과 WAS

Tomcat과 같은 WAS(Web Application Server)를 사용하려면 쓰레드 풀 (thread pool)의 개념을 알고 있어야만 한다. 이 질문을 해 보면 쓰레드에 대한 개념이 있는지도 확인 가능하고, 쓰레드 풀에 대한 지식이 있는지도 쉽게 확인할 수 있다.

Q. thread pool이 무엇인지 아는가?

Q. thread pool을 사용하는 이유는 무엇인가?

Q. tomcat을 사용해 본 적이 있다면, tomcat의 기본 쓰레드 풀 개수는 몇 개인가?

이 문제는 성능 테스트를 한번이라도 했으면 기억하고 있어야 하는 내용이며, 기본 쓰레드 풀 개수를 모르면 성능이 더 이상 증가할 수 없는 상태가 발생하게 된다.

모든 언어는 쓰레드가 생성되고 소멸되는 데 적지 않은 리소스와 시간이 소요된다. 그렇기 때문에 쓰레드 풀을 사용한다. 하지만, 그 이유 외에도 쓰레드 풀을 통해서 WAS로 유입되는 요청의 양을 조정할 수 있는 기능으로도 활용할 수 있다. 서버의 성능 이슈가 있을 때 무조건 쓰레드 풀 개수를 늘리면, 그 뒷단에 있는 서버들이 부하를 급격하게 많이 받아 병목이 될 수도 있기 때문이다.

이러한 쓰레드 풀에 대한 기본 질문에 답을 할 수 있다면, 다음의 WAS에 대한 질문도 추가로 나올 수 있다.

Q. 사용해 본 WAS의 종류에는 어떤 것들이 있는가?

Q. 사용해 본 WAS의 각각의 장단점은 무엇인가?

Q. embedded WAS와 standalone WAS의 차이는 무엇인가?

Q. embedded WAS와 standalone WAS를 사용했을 때 각각의 장 단점은 무엇이고, 그 문제를 해결하기 위해서는 어떻게 해야 하는가?

예전에는 주로 WAR나 EAR이라는 파일로 묶어서 웹 애플리케이션을 배포했다. 하지만, 스프링 부트가 많이 사용되면서 임베디드 WAS를 많이 사용한다.

임베디드 WAS는 기본 상태로 사용할 경우 설정을 쉽게 변경하기 어렵고, 로그의 위치가 명확하게 알기 어렵기 때문에 장애 시 트러블슈팅이 쉽지 않다는 단점이 있지만 요즘에는 기능들이 많이 보완되고 있다. 주로 많이 사용되는 것들로는 Tomcat, Jetty, Undertow 등이 있다.

stream

Java 8에서 새로운 기능들이 많이 추가되었다. 그 중에서 가장 많이 사용되는 것이 stream과 functional interface다.

개발하면서 이 기능들을 반드시 사용할 필요는 없지만, 최신(?) 기술을 활용하여 개발하는지, 아니면 기존 방식을 고수하는지에 대한 것을 확인하는 척도가 될 수도 있다. 먼저 stream에 대한 면접 문제들을 살펴보자.

Q. java의 stream을 사용해 봤는가?

Q. stream에 대해서 간단히 설명한다면?

Q. stream의 foreach와 for 루프 중 어떤 것을 선호하는가?

Q. stream의 단점은 무엇인가?

Q. Stream과 ParallelStream의 차이는 무엇인가?

Q. ParallelStream을 사용하는 데 있어서 장점과 단점은 무엇인가?

Q. stream의 filter를 사용해 봤는가?

Q. stream의 map을 사용해 봤는가?

Q. stream의 peek의 기능과 용도는 무엇인가?

이 정도 질문에 대답을 할 수 있으면 stream을 능숙 능란하게 사용할 수 있는 개발자일 것이다.

stream이 자바에 추가되기 전에 자바를 배운 분들이라면 적응하는 데 꽤 많은 시간이 소요될 수도 있다. (아예 적응을 못할 수도 있다.)

그런데, 이 stream은 반드시 사용할 필요는 없다. 하지만, 보다 간결한 코드를 위해서, stream으로 작성된 코드를 유지보수 하기 위해서는 알아두는 것이 좋다. 그리고, 필요 시에 시간이 소요되더라도 적응하면서 사용해 보는 것도 좋다. 여기 질문지에 있는 map, filter 등의 기능만 잘 사용하더라도 if 문들을 많이 줄일 수 있기 때문이다.

functional interface

functional interface도 제대로 활용하면 개발을 조금 더 편하게 할 수 있으며, 코드의 양도 많이 줄일 수 있다. 게다가 함수를 변수처럼 사용할 수 있기 때문에 프로그램을 보다 유연하게 개발할 수 있다.

functional interface와 관련하여 나올 수 있는 질문에는 어떤 것들이 있는지 알아보자.

Q. functional interface를 사용해 봤는가?

Q. functional interface에 대해서 간단히 설명한다면?

Q. 이미 만들어져 있는 functional interface에는 어떤 것들이 있는가? 아는
대로 설명한다면?

Q. functional interface에서 Supplier와 Consumer는 무엇인가?

자바에서 기본적으로 제공하는 functional interface는 java.util.function
패키지에 정의되어 있다. 여러분들이 별도로 functional interface를 만들어
도 되지만 대부분 만들려고 하는 것들은 여기에 이미 존재할 것이다. 그래서,
필자는 이 패키지의 API 링크를 브라우저 링크에 추가해 놓고 필요할 때 참
고하여 개발을 했다.

DB Connection Pool

이번에는 데이터베이스(이하 DB) 관련 질문들이다. 애플리케이션 개발자가 DB에 대해서 자세하게 알고 있으면 좋겠으나, 기본적인 수준만 알고 있어도 개발하는 데 큰 도움이 된다. 먼저 DB Connection Pool 관련된 내용이다.

Q. DB Connection Pool을 사용하는 이유는 알고 있는가?

Q. DB Connection Pool 중에서 사용해 본 것은?

Q. 그 DB Connection Pool을 선택한 이유는?

Q. DB Connection Pool에 있는 연결 개수는 몇 개가 좋은가?

Q. DB Connection Pool 연결을 많이 지정할 경우에 발생 가능한 이슈는 어떤 것들이 있는가?

DB connection pool은 DB와의 연결 시간을 단축시키기 위해서 사용된다. 하지만, 쓰레드 풀과 같이 DB와의 연결 개수를 줄이기 위한 목적도 적지 않다. 왜냐하면 DB에 연결이 되었을 때 연결 하나당 사용되는 DB의 메모리가 소진되는 것도 있고, 너무 많은 DB가 연결이 되면 명절 기차표 판매할 때처럼 처리할 수 있는 양을 넘어 응답속도는 지속적으로 느려지는 등의 문제가 발생할 수 있기 때문이다. 그래서 성능 테스트를 통해서 가장 적절한 개수를 찾아가는 것이 제일 중요하다.

DB framework

DB Connection Pool 질문 다음에는 보통 DB framework에 대한 질문이 추가적으로 나오게 된다.

Q. DB framework은 사용해 봤는가?

Q. 사용해 본 DB framework에는 어떤 것들이 있는가?

Q. Hibernate는 사용해 봤는가? 이 프레임웍의 장단점은 무엇인가?

Q. MyBatis는 사용해 봤는가? 이 프레임웍의 장단점은 무엇인가?

Q. JPA(Java Persistence API)는 사용해 봤는가? JPA의 장단점은 무엇인가? 더불어 ORM은 무엇인가?

어떤 DB 프레임웍을 썼다고 해서 면접의 당락이 결정될 확률은 적다. 하지만, 본인이 현재 쓰고 있는 DB 프레임웍의 장점과 단점, 그리고 요즘 많이 사용하는 다른 DB 프레임웍에는 어떤 것들이 있는지 알고 있어야 한다.

가장 좋은 것은 해당 프레임웍의 설정값에 대한 해박한 지식이 있으면 더 좋다. 설정값 하나 하나마다 운영상 큰 이슈가 발생할 수도 있기 때문에 이러한 지식을 갖고 있는 개발자나 엔지니어를 어디나 선호하기 때문이다.

서비스의 상황에 따라서 JPA를 사용하고 있는 곳도 있다. 본인이 진행하는 프로젝트에서는 활용을 하고 있지 않더라도, 앞으로 일을 할 회사에서는 사용할 수도 있다. 그래서 작은 프로젝트라도 JPA를 활용하여 개발하는 것을 익히는 것을 권장한다.

기회는 준비되어 있는 자에게 온다. "내가 이걸 왜 해?"라고 생각했던 것들, "이게 내 인생에 도움이 되겠어?"라고 생각되었던 것들이 언젠가는 인생에 큰 영향을 줄 수도 있다.

정리하며

이 장에서는 얼마나 개발을 하는 데 관심이 많은지, 개발 관련 필수 라이브러리에 대한 지식이 얼마나 많은지, 개발하고 운영하는 데 필요한 것들에 대해서 얼마나 알고 있는지에 대한 아주 기초적인 질문들에 대해서 살펴보았다.

반드시 여기에 나와야 하는 것들에 대해서 속속들이 알고 있어야 할 필요는 없겠지만, 웬만큼 개발 좀 한다는 분들이라면 이 정도는 쉽게 개발할 수 있기 때문에 경력이 어느 정도 되는 개발자라면 이러한 질문들에도 바로 답이 나와야만 한다. 개발자의 연봉은 연차로 받는 것이 아니라 실력으로 받는 것이기 때문이다.

5-3 면접에 많이 나오는 자바 질문 – 고급

또 화장실을 다녀온 삼촌은 다시 자바에 대한 이야기를 펼쳐 나갔다.

 너 자바에 대해서 **얼마나 알아?**

 제 친구들 보다는 제가 좀 잘 알죠.

 얼마나 아는지 내가 확인해 볼까?

 아니요 ~~ (단호)

아냐 확인해 보고 싶어.

자~ 자바의 gc와 메모리 영역에 대해서는 얼마나 알고 있어?

그리고 스택은?

동기와 비동기, 블로킹과 넌블로킹에 대해서 아주 잘 설명할 수 있어?

 삼촌 너무 피곤해서 집에 가야 할 것 같아요.

 니가 말이야 고급 개발자로 발전하기 위해서는 말이야~~

 저 이제 막 신입 개발자로 살아 가려는 사람이라고요.

 너의 한계를 만들지 말란 말이야~

 이 이야기 수십 번은 들은 것 같아요.

 자 들어봐. 언젠가 피가 되고 살이 되는…

 그 전에 귀에서 피가…

디자인 패턴

디자인 패턴에 대한 질문은 제대로 개발하는 회사라면 반드시 나온다. 물론 지원자의 실력이 디자인 패턴을 물어보기도 전에 바닥을 드러냈다면, 굳이 디자인 패턴 질문을 해봤자 지원자를 고문하는 것밖에는 안 될 것이기 때문에 물어보지 않을 수도 있다.

디자인 패턴을 분류해 보면 다음과 같다.

- 생성(Creational) 패턴
  - Factory method 및 Template
  - Abstract Factory
  - Builder
  - Prototype
  - Singleton
- 구조(Structural) 패턴
  - Adapter
  - Bridge
  - Filter
  - Composite
  - Decorator
  - Facade
  - Flyweight
  - Proxy
- 행위(Behavioral) 패턴
  - Interpreter
  - Template method
  - Chain of responsibility
  - Command
  - Iterator
  - Strategy
  - Visitor

- J2EE 패턴
  - MVC
  - Data Access Object
  - Front controller
  - Intercepting filter
  - Transfer object

이와 같이 매우 다양한 패턴들이 존재한다. 패턴이라는 것을 처음 본 분도 있겠지만, 대충 여기 저기서 들어본 분들도 있을 것이다.

여기에 있는 패턴들에 대해서 어떤 구조인지 다이어그램도 그릴 수 있고, 1분 넘게 설명할 수 있으면 가장 좋다. 게다가 개발을 할 때 어떤 패턴을 주로 사용했고, 각각의 장단점에 대해서 잘 알고 있다면 더더욱 좋다.

생성 패턴들의 경우 객체를 생성하는 방법과 관련된 패턴들이다. 애플리케이션을 개발하다 보면 JVM(Java Virtual Machine) 프로세스에 해당 객체가 하나만 생성되어야 하는 경우도 존재하고, 객체를 편리하게 생성할 수 있도록 제공해야 하는 경우도 존재한다. 이와 관련된 것들을 생성 패턴이라고 한다.

구조 패턴들의 경우에는 프로그램을 보다 효율적으로 사용할 수 있도록 하기 위해서 각 클래스들 간의 관계를 구성할 때 사용하는 패턴들이다.

행위 패턴들은 애플리케이션이 실행되면서 보다 효과적이고 명확하게 구분될 수 있도록 구현을 할 때 사용된다.

마지막으로 J2EE 패턴은 웹 기반의 시스템을 제공하면서 필요하게 된 것들에 대한 표준에 이름을 지정한 것이라고 보면 된다. 개발 경력이 있는 분들은 J2EE 패턴들의 이름만 봐도 어떤 역할을 하는지 알 수 있을 것이다.

그런데 왜 패턴이 필요할까? 왜 이런 것들을 귀찮게 외우라고 하는 것일까? 패턴을 공부해 보면 알겠지만, 디자인 패턴이라는 것은 약속이다.

"이렇게 객체를 생성하고, 저렇게 처리하며, 요렇게 호출하면 되는 거, 그것을 사용하면 돼."

라고 이야기하는 것과

"싱글턴 패턴을 사용하면 돼"

라고 이야기하는 것 중 어떤 것이 더 간결하고 시간을 절약할 수 있을까?

물론 아무 것도 모르는 분들에게는 전자가 낫겠지만, 일반적인 수준이 어느 정도 되는 개발 집단에서는 후자와 같이 이야기를 한다. 그게 더 시간을 절약하고 공통된 생각을 갖도록 하는 좋은 방법이기 때문에 면접 때 단골 손님처럼 나오게 되는 것이다.

 링크

http://www.corej2eepatterns.com/

https://www.javatpoint.com/java-design-pattern-interview-questions

자바의 GC 절차와 종류는?

자바를 어느 정도 알고 있다면, 자바 기반의 서비스를 개발만 한 것이 아니라 운영까지 해 봤다면, 반드시 GC에 대해서 어느 정도는 알고 있어야만 한다.

이것은 마치 차를 시동 걸고 주행하고 난 뒤 주차를 하면 되는 수준으로만 활용하고, 그 뒤에 엔진 오일이나 브레이크, 미션 오일이라는 것이 있고 그것을 언제 교체해 줘야 하는지, 왜 교체해 줘야 하는지 전혀 모르고 사용하는 것과 같다.

물론 돈이 아주 많거나 차를 좋아해서 오늘은 이차 타고, 내일은 저차 타고, 1년 뒤에 다른 차로 교체하는 분들이라면 굳이 열심히 차를 관리할 필요는 없겠지만 대부분 차를 한번 사면 5년~20년 타는 분들이라면 나와 가족의 안전을 위해서 관리를 해 줘야만 한다.

애플리케이션도 마찬가지다. 하나의 애플리케이션은 생명체와 같기 때문에 잘 동작할 수 있는 인프라 환경을 만들어 주고, 애플리케이션이 보다 잘 동작할 수 있도록 각종 설정들도 적합하게 지정해 줘야만 한다.

그렇기 때문에 내가 개발하고 운영하는 JVM의 설정들에 어떤 것들이 있는지, 이게 어떤 영향을 주는지 잘 알고 있는 것과 모르고 있는 것의 차이는 크다.

GC와 관련된 질문에는 다음과 같은 것들이 나올 수 있다.

Q. 자바의 GC란?

Q. 자바의 Heap 영역은 어떻게 나뉘어 있는가?

Q. 자바의 기본 GC 절차는?

Q. 자바 GC의 종류는?

Q. 각 Garbage Collector 사이의 차이점은?

Q. G1 GC의 특징은?

Q. G1 GC의 장, 단점은?

Q. Shenandoah GC란?

Q. Shenandoah GC의 장, 단점은?

여기에 있는 모든 질문에 대한 답을 할 수 있다면, 지원자의 앞에 있는 면접관의 눈에 하트가 그려지는 것을 느낄 수 있을 것이다. 그만큼 이러한 내용에 대해서 잘 알고 있는 개발자들도 없기 때문이다. 하지만, 여러분들의 연차가 아주 적다면 반드시 알고 있어야 하는 내용은 아니다. 오랫동안 개발을 해오고, 운영까지 해 본 분들은 이 정도는 숙지하고 있는 것이 좋다.

자바 개발자가 굳이 GC에 대해서 자세하게 알고 있을 필요는 없다. 하지만, 연차가 높아질수록 알고 있는 것과 모르고 있는 것은 많은 차이가 있다.

가장 많은 실수를 하는 부분이 하나의 GC 옵션을 갖고 모든 서비스에 동일하게 적용하는 것이다. 만약 모든 사람이 동일한 자동차를 타고 다닌다면, 이 세상에 여러 종류의 자동차가 있을 이유가 없다. 마찬가지로, 각각의 애플리케이션이 서로 다른 객체의 생명 주기를 갖고 있고, 메모리가 할당되는 크기가 다르다. 그래서, 각각의 서비스에 맞는 GC 옵션을 설정하기 위해서는 성능 테스트를 통해서 해당 서비스에 가장 적합한 GC 옵션을 찾아서 설정하는 것이 좋다.

자바 8부터는 G1 GC를 공식적으로 사용할 수 있는 상황이 되었는데, 그 이후에 Shenandoah라는 GC가 만들어졌고, 지금도 엄청나게 성능이 개선된 Garbage Collector가 만들어지고 있다. 관련된 내용들은 유튜브에 많은 자료들이 있으니 반드시 출퇴근 하면서나 시간이 있을 때 한 번씩은 프리젠테이션 자료들을 찾아서 내용을 확인해 보기 바란다.

참고 링크
https://www.oracle.com/technetwork/tutorials/tutorials-1876574.html

JVM 아키텍처

JVM의 핫스팟 아키텍처는 다음과 같다.

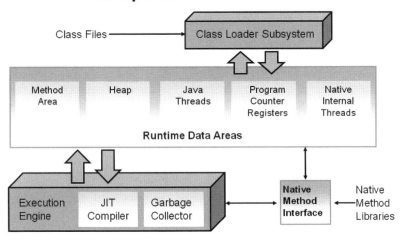

출처: https://www.oracle.com/technetwork/tutorials/tutorials-1876574.html

이 그림의 구조에서 GC가 발생되는 영역은 바로 Heap 영역이다. 그 외 다른 영역은 GC가 발생되지 않는다. 각 영역의 이름을 알고 어떤 역할을 수 행하는지는 직접 검색을 통해서 익히는 것을 추천한다.

이와 관련된 질문들은 다음과 같다.

Q. 자바의 핫스팟 JVM의 아키텍처를 그릴 수 있는가?

Q. 런타임 데이터 구역에 대해서 설명할 수 있는가?

Q. JIT은 무엇의 약자이며 역할은 무엇인가?

모든 내용을 다 알고 있어야 하는 필요는 없지만, JVM이 이렇게 구성되어 있다는 정도는 알고 있는 것이 좋다.

그리고, 대부분의 면접관도 이러한 내용을 잘 모르기 때문에 이 내용을 물어보는 면접관도 그리 많지는 않을 것이다. 그래도, 회사의 수준에 따라서, 지원자의 경력 연수에 따라서 물어볼 수도 있기 때문에 잘 모른다면 제대로 공부해 두는 것을 추천한다.

물론 이러한 내용들은 개발할 때 필요하지는 않다. 하지만, 자바 기반의 서비스를 운영하고 있다면 그 시스템의 구조와 작동 방식을 알고 있는 것과 모르고 있는 것은 큰 차이가 있다. 앞서 이야기한 GC와 같이 이러한 구조에 대해서 한 번쯤 익혀 놓으면 다른 개발자들과 본인의 기본 역량의 차이가 생기게 된다.

그런데, 이 내용을 알고 있다고 본인이 개발을 잘 하는 것이 아니기 때문에 이 내용을 알고 있다고 개발을 잘한다는 착각을 하면 안 된다. 기본을 알고 개발하라는 취지에서 이 내용을 알려주었으니 꼭 내것으로 만들어 놓길 바란다.

Stack 영역은?

자바의 쓰레드가 생성되면 쓰레드가 수행되는 정보를 담는 스택(stack)이 만들어진다. 이 스택에 대한 질문도 면접에 나올 수 있다.

Q. 스택에는 어떤 정보가 저장되는가?

Q. 스택의 프레임에는 어떤 정보가 저장되는가?

Q. 스택의 공간이 부족하면 어떤 문제가 발생하는가?

자바의 스택에는 메소드들이 호출된 것을 바탕으로 프레임(frame)이라는 것들이 차곡차곡 쌓인다. 이 프레임 안에는 다음과 같은 것들이 저장된다.

- 지역 변수(local variables)
- 상수 풀 참조(constant pool reference)
- 피연산자 스택(operand stack)

이 세 가지 정보들이 하나의 프레임을 이루어 스택 정보를 구성한다. 그림으로 나타내면 이와 같이 자바 스택이 구성된다.

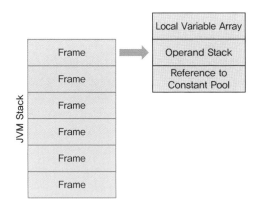

지역 변수는 메소드 안에서 선언되는 변수 같은 것들이 속하며, 상수 풀은 클래스에 존재하는 상수들의 정보를 담고 있는 것을 의미한다.

마지막으로 피연산자 스택은 메소드를 구성하는 내용들에 대해서 기계가 읽기 좋게 만들어 놓은 피연산자들의 정보를 쌓아 둔 것을 의미한다. 내가 만든 프로그램의 피연산자 스택을 보고 싶다면,

```
javap -c HelloWorld.class
```

와 같이 javap 명령을 사용하여 확인해 볼 수 있다.

Asynchronous와 Synchronous, Blocking과 Nonblocking의 차이

개발 연차가 많다고 하더라도 이 주제에 대해서 제대로 알고 있는 분들은 많지 않다. 하지만, 조금이라도 이 주제에 고민을 해 봤다면, 면접보는 자리에서 자신의 생각을 이야기할 수 있을 것이다.

Asynchronous와 synchronous를 이야기할 때 blocking과 nonblocking은 아예 별개로 생각하는 것을 추천한다. 둘 사이의 개념이 혼재되게 되면 아주 이야기가 복잡해지기 때문이다. 따라서, 면접관이 제대로 알고 있다면 일반적인 경우 다음과 같은 질문을 던질 것이다.

Q. Asynchronous와 synchronous의 차이는 무엇인가?

Q. blocking과 nonblocking의 차이는 무엇인가?

하지만 (본인이 좀 더 알고 있다고) 다음과 같은 질문을 던지는 면접관이 있다면, 그 회사에 다녀야 할지 심각하게 고민해 봐야 할 수도 있다.

Q. synchronous와 blocking의 차이는 무엇인가?
Q. asynchronous와 nonblocking의 차이는 무엇인가?

물론 본인이 리눅스 기반의 OS를 다루는 개발자라면 이야기는 아예 달라질 수 있겠지만, 일반적인 애플리케이션 개발자에게 이러한 애매한 질문을 한다는 것자체가 문제의 소지가 있기 때문이다.

이 사항에 대한 답은 책에서 자세하게 이야기하는 것보다는 직접 구글에서 "sync와 async, blocking과 non-blocking"으로 검색을 해 보면 많은 분들이 이 주제를 갖고 고민한 흔적들을 확인해 볼 수 있을 것이다.

정리하며

이 장에서는 일반적으로 많이는 다루지 않는 언어의 상세한 정보들에 대해서 살펴보았다. 물론 여기에 있는 문제들을 중급으로 보는 분들도 있고, 기본적인 초급 문제로 보는 분들도 있을 수 있다. 문제의 급은 그다지 중요하지 않다. 어떤 질문을 했을 때 지원자들이 어떤 수준으로 답을 할 수 있는지가 더 중요한 것이다.

회사마다 필요한 인재의 수준이 있다. 너무 높은 수준의 개발자가 단순 업무만 처리하는 회사에 잘 맞지 않을 수도 있기 때문이다. 본인의 수준이 높은데 회사에서 너무 낮은 수준의 질문만 한다거나, 회사에 필요하지 않은 수준의 질문인데 굳이 지원자에게 질문을 해서 곤란하게 만드는 상황을 만들지는 않는지를 살펴보는 것도 좋다. 회사를 선택할 때 기준이 될 수도 있기 때문이다.

누가
IT시장 취업에
성공하는가
신입 경력 지원자와 면접관을 위한 지침서

chapter 06

IT 기술은 어디까지
알아야 할까?

개발자가 되기 위해서는 코딩 능력뿐만 아니라
네트워크, 운영체제, 하드웨어 등의
IT 전반에 관한 지식을 알아야 합니다.
그 범위가 넓기 때문에 준비가 쉽지 않은데요.
어디까지 알아야 하는지를 알아보려고 합니다.

6-1 면접시 많이 나오는
IT 기본 질문 - 기초편

이번에는 인재씨가 화장실을 다녀왔다.

 운영체제에 대해서는 얼마나 알아?

 뭐 디스크, 레이드 그런 것은 배웠죠.

 그래? 리눅스는 얼마나 알아?

교수님은 리눅스 잘 알면 좋다 하는데, 윈도우즈가 편하죠.

 편하게 살려면 개발자를 하는 것보다는 다른 일을 찾아보는게 좋아.

 왜요? 왜?

 개발자는 키보드에서 손을 뗄 때까지는 계속, 지속적으로 공부를 해야 해.
한번 배운 기술로 계속 우려먹고 살다가는 금방 도태되지.
점진적, 지속적으로 자기를 수양하면서 발전을 시켜 가야 진정한 개발자의 길이…

 또 귀에 피 날 것 같아요.
차돌백이가 먹고 싶어졌어요.

 그거 사 주면 내 이야기 들어줄꺼지?
여기요! 차돌백이 1인분 추가요!

웹브라우저에서 URL을 입력하면 어떻게 되는가?

이 간단한 질문은 지원자에 대해서 엄청나게 많은 것을 얻어낼 수 있다. 여러분이라면 이 질문에 어떻게 답할 것인가? 직접 정리해 보기 바란다.

본인의 생각을 적어보세요.

직접 정리해 보면 알겠지만, 본인의 지식이 어느 정도 되는지를 단번에 느끼게 될 것이다. 만약 느끼지 못했다면 옆에 있는 동료나 친구들에게 이 질문을 해보고 대답을 들어보기 바란다. 본인과 아주 유사한 답을 내는 분들도 있을 것이며, 아주 다른 답을 내는 분들도 분명히 존재할 것이다.

다음과 같은 체크리스트로 이 질문의 답들을 확인할 수 있다.

- 도메인을 찾아가는 절차를 아는가?
- 서버의 분산 환경에 대한 이해가 있는가?
- 웹 서버, WAS, 저장소 등에 대한 이해가 있는가?
- 브라우저에서 화면을 구성하는 순서와 절차를 알고 있는가?

확실한 것은 이 질문에 답을 하면서 본인의 부족함을 느껴야만 한다. 그냥 알고 있는 것과 본인이 알고 있는 것을 누군가에게 자세하게 설명할 수 있는 것은 완전히 다른 이야기가 될 수도 있기 때문이다.

Linux는 얼마나 아세요?

대부분의 자바 개발자들은 리눅스나 유닉스 기반에서 본인이 만든 프로그램을 운영한다. 물론 개발만 하고 운영에 관여하지 않는 분들도 적지 않겠지만, 일반적인 포털이나 솔루션 기반의 회사에서는 운영 능력도 개발자의 필수 요건으로 본다.

이와 관련된 질문들은 해당 회사에서 사용하는 운영체제 기반으로 물어본다. 먼저 리눅스 및 유닉스와 관련된 질문들을 살펴보자.

Q. 기초적인 명령어를 사용할 수 있는 수준인가?

Q. 모니터링을 할 수 있는 수준인가?

Q. 장애 진단을 할 수 있는 수준인가?

Q. 성능상의 병목지점이 발생했을 때, 설정을 변경해서 튜닝할 수 있는 수준
인가?

만약 여기에 있는 질문들에 모두 대답을 할 수 있다면, 추가로 개발자라면 반드시 물어보는 질문들이 있다.

Q. shell script는 작성해 보았는가?

Q. 주로 사용하는 shell script 언어는 무엇인가?

Q. 선호하는 스크립트 언어로 java 프로세스를 다운시킨 후 재시작하는 스크립트를 작성할 수 있는가?

대부분 경험상 스크립트는 짤 수 있지만, 맨 마지막에 있는 질문에는 답을 못하는 분들이 많다. 그렇기 때문에 거짓말을 하게 되는 것보다는, 본인이 할 수 있는 수준으로 답을 하는 것이 가장 중요하다.

그런데, 왜 쉘 스크립트를 작성하는 것이 중요할까? 자바 외에도 대부분 프로그램의 프로세스는 시작 옵션들이 붙는다.

```
java HelloWorld
```

이렇게 시작하는 프로그램은 거의 없다. 그래서 프로그램을 실행하기 위해서는 대부분 그 팀의 시니어 개발자가 선호하는 스크립트 언어로 시작/종료 스크립트를 만든다. Perl로 작성하는 부서나 회사도 있고 csh로 작성하는 곳도 있고 bash로 작성하는 곳도 있다. 그래서, 어느 정도 수준이 있는 개발자라면 본인이 마음대로 주물럭거릴 수 있는 스크립트 언어는 하나 익히고 있어야만 한다.

윈도우 기반의 서비스를 운영하는 경우는 리눅스나 유닉스 기반의 서비스를 운영하는 경우보다 적다. 좀 오래된 회사이거나, 게임회사의 경우 윈도우즈 운영체제로 서비스를 제공하는 경우가 많다.

Q. 윈도우즈의 가상 메모리란?

Q. 윈도우즈는 swap 메모리는 어떻게 관리되는가?

Q. 윈도우즈 모니터링하는 방법은?

이 외에도 윈도우즈와 관련된 질문들은 많이 있을 것이다. 그래도 이 정도는 대답할 수 있어야 한다.

가상 메모리는 메모리 외부에서 프로세스를 수행할 수 있도록 해주는 메모리 관리 기술의 일종이다. 보통 물리적 메모리가 부족할 때 이 기술을 사용한다.

OS에서 프로세스가 수행될 때 일부 데이터가 메인 메모리에서 백업 저장소로 복제될 수 있고, 다시 메인 메모리로 복제될 수도 있다.

Swap 기술은 메모리에 맞춰 보다 많은 작업을 할 수 있도록 도와주는 기술이다.

윈도우즈를 모니터링하는 방법은 여러 가지인데, 보통은 "작업관리자"를 통해서 모니터링한다. 하지만, 윈도우즈에는 이뿐만 아니라 "리소스 모니터"도 제공한다. 윈도우즈의 하단 검색창에서 "리소스 모니터"로 검색을 하면 리소스 모니터링 화면을 띄울 수 있다.

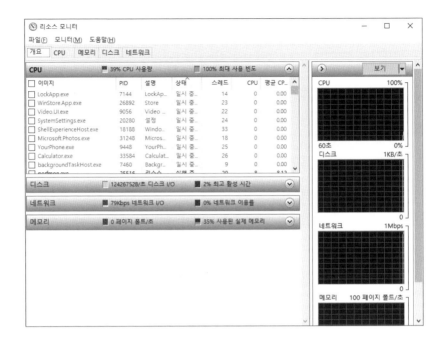

백엔드 개발자의 기초지식 – DBMS

대부분의 자바 기반 개발자는 백엔드 개발자다. 화면을 제공하는 프론트엔드나 앱 개발자를 제외하고는 대부분 백엔드 개발자다.

물론 안드로이드의 경우 자바 기반으로 개발을 하기도 하지만 경험상 안드로이드만을 지속적으로 개발해 온 개발자보다는, 백엔드나 다른 분야에서 개발을 하다가 안드로이드로 전향한 경우가 적지 않다.

안드로이드 개발을 하든, 백엔드 개발을 하든 공통적으로 다뤄야 하는 것 중 하나가 바로 DBMS다. DBMS는 Database Management System의 약자로 요즘은 대부분 RDB, 즉 Relational Database를 DBMS라고 한다. DB를 운영하는 DBA(Database Administrator)가 아니더라도 백엔드 개발자라면 본인이 잘 사용할 수 있는 DB는 하나쯤 있어야만 한다. 그래서 보통 다음과 같은 질문을 한다.

Q. 사용해 본 DBMS는?

Q. (사용해 본 DBMS가 여러 개일 경우) 각 DBMS의 장단점과 가장 선호하는 DBMS와 그 이유는?

Q. Oracle DB의 장단점은?

Q. MariaDB / MySQLDB의 장단점은?

Q. MS SQL DB의 장단점은?

등등 이와 같이 본인이 사용한 DBMS의 장단점을 파악하고, 어떤 저장소를 더 선호하는지 물어보는 것은 매우 중요하다고 생각한다. 왜냐하면, 이러한 질문을 통해서 개발을 할 때 그 개발자의 태도를 알 수 있기 때문이다.

DBMS가 별거 아니라고 생각하는 개발자도 있기는 할 것이다. 하지만, 필자의 경험상 대부분 웹 기반 애플리케이션의 성능 저하는 80% 이상 데이터 저장소에서 유발된다. 물론 필자가 투입이 되어서 관심을 가져야 하는 정도의 시스템이면 이미 그 시스템은 다른 튜닝할 만한 요소들은 점검을 해서 많은 병목 지점이 제거된 상태이기 때문이다. (물론 아무 손을 대지 않은 상황일 수도 있다.)

그래서, 경험있는, 아니면 사려가 깊은 개발자라면 본인이 사용하고 있는 저장소에 대한 깊은 성찰과 연구를 했을 것이다. 자기가 시니어 개발자라고 생각하고, 주변 주니어 개발자들에게 인정받고 싶다면 반드시 더 많이 알고 있어야만 한다. 그래야 어떤 관리자라도 본인에게 많은 일을 주고, 그에 대한 보상을 해 줄 것이기 때문이다.

쿼리는 얼마나 짤 수 있으세요?

DBMS에 대해서 얼마나 알고 있는지는 어찌 보면 아주 많이 중요하지 않을 수도 있다. 하지만 5년 이상 개발해 온 개발자라면 웬만한 A4 종이 1장 정도로 되어 있는 SQL 쿼리를 읽어내고, 작성해 내는 능력을 갖고 있어야만 한다.

일반적으로 개발자에게 물어보는 DB와 관련된 질문은 다음과 같다.

Q. 간단한 select, update, insert, delete 정도는 작성 가능한가?

Q. inner join, outer join에 대해서 아는가?

Q. Query가 느리면 어떻게 튜닝 하실거에요?

Q. DB modeling 경험은?
- 논리적 물리적 설계
- 정규화

이 사항들은 선택이 아닌 필수다. 대부분의 회사에서 SQL 쿼리를 DBA 가 작성해 주는 경우는 거의 없고, 개발자들이 작성한 것을 검수하는 과정을 거쳐 운영 서비스로 넘긴다.

다시 말해서 위에 있는 대부분의 것들에 대해서 개발자들이 처리를 한 후 DBA에게 검토를 받는 것이 일반적인 경우다.

그래서 제대로 백엔드 개발을 하려면 기본적인 쿼리를 작성하는 것부터 DB 설계까지는 어느 정도는 할 수 있어야만 한다.

그리고 DB에 대해서 자신이 있으면 아래의 질문에도 쉽게 대답할 수 있으면 좋다.

Q. stored procedure란?

Q. trigger란?

물론 잘 만들어진 시스템이라면 stored procedure 같은 것은 없어도 개발이 가능하고, 별도의 trigger를 걸어서 운영할 필요는 없다. 하지만, 이런 것들이 어떤 역할을 하는지는 알고 있는 것이 좋다.

그 외 일반적인 질문들

이 외에도 개발자라면 알고 있어야만 하는 것들을 살펴보면 다음과 같다.

Q. git을 사용한 경험은?

Q. 주로 사용하는 개발 도구는?

Q. maven과 gradle 중 선호하는 것은?

Q. 선호하는 개발 방법론은?

Q. 최근에 문제를 해결한 사례는?

Q. 개인적으로 진행하는 토이 프로젝트가 있는가?

이 질문들을 살펴보면, 개발하는 데 기술들이 아닌 환경적인 것들에 대한 것도 면접 중에 나올 수 있다는 것을 알 수 있다.

요즘 대부분의 회사들은 git 기반의 소스 저장소를 사용하기 때문에 기본적인 사용법은 반드시 익히고 있어야만 한다.

그리고 자바 기반 개발 시에는 인텔리제이나 이클립스를 사용하여 개발한다. 간혹 비용이 많이 드는 상용 개발 툴을 제공하지 않는 회사도 있으니 입사 시에 어떤 툴을 사용하는지 물어보는 것도 회사를 선택하는 데 있어서 많은 도움이 된다.

Maven이나 Gradle과 같은 빌드 도구 들은 개발하는 데 반드시 필요하므로 두 가지 모두 사용해 보는 것을 추천한다.

회사마다 개발 방법론이 있다. 물론 전혀 없는 곳도 있긴 한데, 반드시 개발 방법론이 필요한 것은 아니다. 하지만, 중구난방으로 시스템을 개발하고 있다면, 용도에 맞는 방법론을 찾아 사용하는 것을 추천한다.

간혹 면접을 보면 문제를 해결한 사례를 물어보는 경우가 있다. 본인이 직접 어떤 문제에 뛰어 들어서 해결을 했는지도 중요하지만, 어떤 절차에 따라서 그 문제에 접근하여 처리했는지를 물어보는 질문이기 때문에 그냥 기억이 안 난다고 없다고 해버리면 그다지 좋은 평가를 받지 못할 것이다.

마지막에 있는 토이 프로젝트의 경우, 업무 이외의 개발 프로젝트를 진행하는 것이 있는지를 물어보는 것이다. 월화수목금금금으로 살아가면서 이런 것은 생각할 겨를도 없는 분도 있겠지만, 시간적인 여유를 많이 갖고 일하는 분들도 분명 존재할 것이다.

내가 사용해 보고 싶은 프레임웍을 활용하여 개발을 해 보거나, 친구들과 틈틈이 뭔가를 개발해 보는 것은 나의 역량 향상에 많은 도움이 될 수도 있다.

하지만, 회사 분위기상 이런 것을 하는 것을 안좋아하는 관리자가 있을 수도 있으니 이 질문에는 분위기를 봐 가면서 대답을 하는 것이 좋다.

정리하며

이 장에서는 일반적인 백엔드 개발자가 알고 있어야 하는 사항들에 대해서 살펴보았다.

여기에서 나오는 내용들은 선택이 아니라 필수적으로 알고 있어야 개발이 가능하다. 하나라도 부족하다면, 경력직으로 이직하는 것은 쉽지 않다고 생각해도 된다. 왜냐하면, 신입 사원들에게는 많은 것을 기대하지 않기 때문에 입사 후에 필요한 것들을 가르쳐 준다고 생각을 하게 되지만, 경력직 사원들은 어느 정도 필요한 것들은 알고 있다는 가정 하에 채용을 하기 때문이다.

만약 마지막 절에 있는 내용들에 거의 대답을 못한다면 아무리 개발을 잘하더라도 채용을 심각하게 고민할 수도 있다.

면접 시 많이 나오는
IT 기본 질문 - 경력

후식을 먹고 있는 도중에 인재씨의 선배인 나잘난씨가 모임에 합류했다.

 안녕하세요? 오래간만에 뵙습니다.

 네, 그러네요.
어뜯게(?) 이직은 잘 했어요?

 삼촌은 보자마자 그런 걸 물어보세요?

인생은 직진이란다!

 한 회사에서 면접을 봤는데, 이상한 것들만 물어봐서.
써 보지도 않은 기술들에 대해서 막 물어보더라구요.

 어떤거요 ?

 저는 DB만 써 봤는데,
NoSQL이라든지, 검색엔진 같은 거 물어보고
메시지 큐는 뭘 써봤냐면서.
그게 뭐냐고 그랬다가 타~알~락 했죠.

 그런게 말이죠. 써 보지는 않았어도 뭔지는 알아야 하거든요.
그게 뭐냐면 …

나잘난씨도 앉은 지 10분만에 귀에서 피가 나기 시작했다.

질문하는 모든 내용을 알아야 하는 것은 아니다, 하지만

면접을 볼 때 내가 경험해 보지 않은 것들에 대해서 물어보는 경우도 있다. 물론 이 경우에는 경험한 적은 없다고 이야기하면 된다. 하지만 해당 기술이나 도구, 프레임웍 등이 회사에 필요한 기술이라면 면접 시 큰 영향을 줄수도 있다.

회사에서 필요로 하는 모든 기술 역량을 알고 있을 필요는 없지만, 해당 기술에 대해서 들어본 적도 없다면 그 지원자를 채용해야 하는 이유도 심각하게 고민할 수밖에 없다. 만약 해당 도구나 툴 등에 대해서 어느 정도 알고 있다면, 매우 솔직하게 어디까지 알고 있는지를 이야기하는 것이 좋다.

예를 들어 다음과 같은 질문을 했다고 생각해보자.

Q. 이력서 상에 Elasticsearch를 사용해 봤다고 되어 있는데요. 어느 정도로 사용해 보셨나요?

이러한 질문을 받았을 때 어떻게 대답을 할지 한번 직접 여기에 적어보자. Elasticsearch 대신 본인이 사용했던 오픈소스 프레임워크로 변경하여 질문을 만들어도 된다.

물론 입으로 말하는 것과 적는 것은 다르다. 하지만, 한번 적으면서 생각을 정리하는 것과 그렇지 않은 것은 많은 차이가 있다.

이런 것에 대해서 이야기할 때 정답은 없다. 하지만, 반드시 어느 수준까지 해당 프레임워크를 사용했는지는 이야기하는 것이 좋다.

예를 들면 "X.X 버전으로 활용만 해 봤습니다." 라고 대답을 할 수도 있고, "설치부터 설정, 운영, 프로그램 개발까지 해봤습니다."라고 이야기할 수도 있다. 어떤 회사라도 후자의 지원자를 더 선호하겠지만, 여기서 괜히 있어 보이기 위해서 거짓말을 했다가는 금방 본인의 능력치가 바닥을 드러낼 수 있기 때문에 정확하게 본인이 어떻게 활용을 했는지 중요하다. 만약 후자로 대답을 했다면 다음의 질문이 연속되어 나올 수도 있다.

Q. 운영하면서 어떤 이슈가 있었나요? Elasticsearch만의 이슈는 따로 없었나요?

어떤 도구도 완벽하지는 않다. 무엇이든 장단점이 있고, 운영을 하다 보면 장애가 나기 마련이고, 장애가 나서 그냥 재시작을 해서 문제를 해결하는 것은 근본적인 원인을 해결하지 못한다.

"Hang이 걸렸는데 재시작을 해서 해결했습니다."

와

"Hang이 걸려서 메모리와 쓰레드 상황, CPU 리소스 등을 확인해 보니 ○○에서 문제가 있어서 설정을 변경한 다음에 재시작을 하고나서 괜찮아졌습니다."

라는 대답의 차이는 크다. 누구라도 문제가 발생하면 거기 뛰어 들어서 근본적인 원인을 찾아서 해결하려는 태도를 가진 개발자를 좋아하기 때문이다. (물론 관리자가 엔지니어 출신이 아니라면 별 관심이 없을 수도 있지만…)

추가로 이 장에서 나오는 질문들의 대부분은 앞서 살펴본 질문들을 잘 대답했을 때 물어볼 것이다. 만약 앞에서 나온 질문들을 제대로 대답하지 못했다면, 이 장에 있는 질문들을 하는 것은 시간 낭비가 될 수도 있기 때문이다.

캐시 프레임웍

일반적인 애플리케이션의 성능은 대부분 저장소, 즉 DB의 영향을 많이 받는다. 그래서, 성능 최적화를 위해서 캐시(Cache)를 많이 사용한다. 관련된 질문의 목록은 다음과 같다.

Q. 캐시를 사용해 봤는가?

Q. 캐시를 사용해 봤다면 어떤 캐시를 사용했는가?

Q. 왜 그 캐시를 사용했는가? 선정할 때의 기준은 무엇이었으며 왜 그 캐시를 결정하게 되었는가?

Q. 해당 캐시를 사용했을 때 성능은 어느 정도 나왔나?

Q. 해당 캐시를 사용했을 때 문제점은 어떤 것들이 있었는가?

일반적으로 사용하는 캐시들은 다음과 같은 것들이 있다.

- redis
- ehcache
- memcached (arcus)

대부분 캐시를 선정할 때에는 해당 팀의 목소리가 큰 사람이나 기술을 잘 아는 사람이 선택을 하게 되는데, 거의 자신이 사용해 본 경험이 있는 것을 선호한다.

하지만, 기술은 계속 발전하기 때문에 사용했던 것만 지속적으로 사용하는 것은 본인이나 회사를 위해서 큰 도움이 되지 않는다. 그래서, 최근 많이 사용하는 캐시를 검색해 보고 각각에 대해서 설치, 운영, 모니터링, 성능 등 여러 가지의 장단점을 비교하여 선정하는 것이 가장 좋다.

그리고, 운영하면서 발생했던 문제점들은 회사 위키나 내가 운영하는 블로그에 보안적 이슈가 발생하지 않는 선에서 정리해 두는 것이 향후에 그 캐시를 사용하는 사람들을 위해서 많은 도움이 되며, 나중에 이력서에 내 블로그 링크를 걸어 두었을 때 면접관들에게 아주 많은 추가 점수를 획득할 수 있는 기회가 될 수도 있다.

검색엔진과 대용량 분석 도구

회사의 규모가 커질수록 로그 수집이나 데이터 분석에 대한 요구는 많아질 수밖에 없다. 그래서 일반적으로 ELK(Elasticsearch Logstash Kibana)로 구성하는 로그 분석 시스템을 많이 사용한다. 그리고, 데이터를 분석하기 위한 하둡(Hadoop)이나 스파크(Spark)와 같은 플랫폼도 요즘은 활용하는 회사가 매우 많다. 이와 관련된 질문들은 다음과 같다.

Q. Elasticsearch는 사용해 보았는가?

Q. Elasticsearch를 검색 용도로 사용했는가? 아니면, 로그 분석용인 ELK
로 사용했는가?

Q. ELK를 사용만 했는가? 아니면, 직접 구성부터 운영까지 담당했는가?

Q. 하둡이나 스파크를 사용해 보았는가?

Q. 하둡이나 스파크를 사용만 했는가? 아니면, 직접 구성부터 운영까지 담당했는가?

이와 같은 검색엔진과 대용량 데이터 분석 엔진은 일반 DBMS에 데이터를 넣고 조회하는 것보다 간편하고 빠르게 데이터를 추출해 낼 수 있다. 데이터의 구조 자체가 다르고 검색을 수행하는 방식 자체가 다르다. 그래서 수억 건의 데이터가 있는 저장소에서 1초 이내에 원하는 데이터를 뽑아 낼 수도 있다.

가장 좋은 것은 내부 구조까지 알고 있는 것이 좋겠지만, 그보다는 대부분 개발하고 운영할 수 있는 수준의 개발자를 요구한다. 그렇다고 반드시 이러한 시스템의 사용 및 운영 경험이 있어야 하는 것은 아니다. 본인 경력상 이러한 내용이 있으면 장점이 되겠지만, 만약 경험이 있다고 하더라도 대충 갖고 있는 경험보다는 제대로 경험해 본 것이 더 중요하다.

많은 개발자들이 개발을 하는 것을 선호하지, 시스템을 구축하고 운영하는 것을 좋아하지 않는다. 하지만, 이렇게 남들이 그다지 좋아하지 않는 일을 많이 경험해 볼수록 나의 가치는 더 높아진다고 생각하고 열심히 하면 언젠가는 그 경험이 빛을 발할 수도 있다.

메시지 큐

캐시와 검색 및 분석엔진을 도입한 회사의 규모라면 반드시 따라오는 것이 메시지 큐이다. 요즘에는 카프카(kafka)와 레빗엠큐(RabbitMQ)를 메시지 큐로 많이 사용한다.

Q. kafka는 사용해 봤는가?

Q. 사용해 봤다면 kafka의 토픽에 대해서 설명할 수 있는가?

Q. kafka의 producer와 consumer의 각각의 역할은 무엇인가?

Q. RabbitMQ는 사용해 봤는가?

Q. kafka와 RabbitMQ, 각각의 장단점은 무엇인가?

Q. 메시지 큐를 사용하는 이유는 무엇인가?

만약 여러분들이 kafka를 제대로 사용하지 않았다면, 두번째 세번째 질문에 대해서 제대로 답을 하지 못할 것이다. 하지만, 이렇게까지 깊숙하게 물어보는 단계까지 보통 가지는 않을 것이다. 보통 여기에 있는 맨 마지막의 질문을 가장 많이 할 것이다. 이 질문에 답을 해야 그 다음 단계로 넘어갈 수 있다.

그렇다면, 메시지 큐를 사용하는 이유는 무엇인가? 일반적으로는 모든 서비스가 정상적으로 동작한다는 것을 가정하고 시스템을 구축하고 개발한다. 하지만, 어딘가에서 장애가 발생했을 때 이 가정은 터무니없이 잘못되었다는 것을 알게 될 것이다.

연계된 서비스에 문제가 있을 경우 지속적으로 retry를 하는 것은 그다지 좋은 방법은 아니다. 큐에 쌓아 두었다가 연결이 재개되었을 때 처리해 주는 것이 좋다.

이와 관련 있는 부분이 타임아웃(Timeout) 설정이다. 모든 연결하는 서비스는 타임아웃을 지정해 둬야만 한다. 그렇지 않으면 장애가 발생했을 때 프로세스를 재시작하지 않으면 대기하고 있는 쓰레드가 영원히 종료되지 않을 수도 있기 때문이다.

경험이 많은 면접관은 꼬리에 꼬리를 무는 질문을 많이 한다. 이것은 딴지를 걸기 위한 것은 아니고, 지원자의 능력을 최대화하기 위한, 다시 말해서 강점 및 장점을 최대한 살려 보려고 하는 노력이라고 볼 수 있다. 그래서, 만약 면접관이 지속적으로 심도 있는 질문을 한다면 "나의 장점을 최대한 끌어올리려고 그러는구나~"라고 생각하며 성심성의껏 대답해 주는 것이 좋다.

아키텍처

기술이 발전하면서 전반적인 아키텍처의 흐름은 바뀌어 왔다. 하지만, 그 기술이 널리 통용되고 있고, 매우 도움이 되는 것이라면 그것을 모두 따라하게 될 것이고 지금까지도 유지되었어야 할 것이다. 하지만, 그 트렌드는 지속적으로 변해왔다.

2000년 초반에는 CBD(Component Based Development)를 하려는 노력을 많이 했고 그에 따라서 자바에서는 EJB(Enterprise Java Beans)를 사용하여 CBD를 구현하려고 했었다.

하지만, EJB가 무겁고 여러가지 문제 때문에 간단한 MVC(Model View Controller) 모델이 인기를 많이 끌었다.

그러다가 SOA(Service Oriented Architecture)라는 것을 각종 장비를 판매하는 벤더 업체들에서 중점적으로 공략했다.

그렇지만, 이 시점에 스프링 프레임웍(Spring framework)이라는 가볍고 빠른 프레임웍이 나오면서 많은 서비스에서 이를 사용했다. (적어도 스프링 프레임웍이 이때는 가벼웠다.)

이러한 과정을 거쳐서 기존의 Monolith한 프로세스에서 벗어나 작은 서비스 단위로 프로세스들을 작게 만드는 MSA(Micro Service Architecture)로 바뀌어 왔다.

이와 관련된 면접 질문이 많이 나올 수 있으며, 여러분들이 이 책을 읽는 시점에는 MSA가 죽고 다른 새로운 아키텍처가 나올 수도 있다. 그에 맞는 면접 질문을 미리 생각해 보는 것도 좋은 면접 준비 방법이 될 수도 있다.

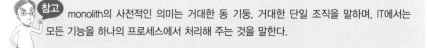

참고 monolith의 사전적인 의미는 거대한 돌 기둥, 거대한 단일 조직을 말하며, IT에서는 모든 기능을 하나의 프로세스에서 처리해 주는 것을 말한다.

Q. MSA란 무엇인가?

Q. MSA를 사용했을 때 장/단점은 무엇인가?

Q. MSA의 컨테이너를 관리하기 위해서 어떤 것을 사용했는가?

Q. 쿠버네티스의 장, 단점은?

Q. MSA에서 API Gateway의 역할은?

아마도 MSA에 대해서 전혀 모르는 분들은 이 질문들에 대해서 정확한 대답을 하지 못할 것이다. MSA가 이야기되고 관련된 프로젝트가 이제는 어느 정도 나왔기 때문에 구글에서 조금만 검색을 해 봐도 한글로 된 문서나 책들을 많이 찾을 수 있으니 자세한 내용은 그 책들을 참고하기 바란다.

그리고, 이 MSA의 선구자격인 회사가 하나 있는데 바로 영상 스트리밍 서비스를 제공하는 넷플릭스(Netflix)다. 넷플릭스에서 MSA를 직접 구성하면서 필요한 각종 프레임웍들을 만들었고, 그것들을 누구나 사용할 수 있게 오픈소스로 공개하였다.

바로 그것이 넷플릭스 OSS(Open Source Software)다.

링크
https://netflix.github.io

만약 여러분들이 지원한 회사의 기본 요건에 "넷플릭스 OSS 유경험자"라는 말이 있다면 다음의 질문들을 할 수도 있다.

Q. 넷플릭스 OSS에 대해서 아는가?

Q. 넷플릭스 OSS를 사용해 보았는가?

Q. 넷플릭스 OSS의 Zuul의 역할과 용도는 무엇인가?

Q. 넷플릭스 OSS의 Hystrix의 역할과 용도는 무엇인가?

Q. 넷플릭스 OSS의 각종 프레임웍을 어떻게 조합하여 아키텍처를 구성할 것인가?

넷플릭스 OSS에 대해서 질문했을 때 아무런 경험이 없다면 이 질문에 모른다고 대답하면 된다. 괜히 어설프게 대답했다가 책으로만 넷플릭스 OSS를 사용해 본 사람으로 취급받을 수 있기 때문이다. 본인이 경험을 했다면 위에 있는 질문들을 대답할 수 있는 수준이 되어야 이력서에 쓰는 것이 좋다.

클라우드 사용 경험

마지막으로 클라우드에 대해서 살펴보자. 자세하게 클라우드에 대해서 살펴보기 위해서 일반적인 클라우드 제공과 관련된 용어를 알아두는 것이 좋다. 보통 클라우드로 제공되는 기능들에 대해서 이야기할 때 다음의 서비스들로 나뉘어 이야기를 한다.

- Software as a Service(SaaS)

- Data as a Service(DaaS)

- Platform as a Service(PaaS)

- Infrastructure as a Service(IaaS)

프로그램만 클라우드로 제공하는 것이 SaaS이고,

인프라를 클라우드로 제공하는 것이 IaaS,

개발 환경을 제공하는 것이 PaaS,

데이터를 사용할 수 있는 환경을 제공하는 것이 DaaS이다.

이러한 종류의 클라우드들 중에서 우리가 알고 있는 아마존은 이 서비스들이 복합적으로 제공된다고 볼 수 있다. 아마존에서 클라우드를 제공하면서 최근에 국내 대형 업체들도 클라우드 서비스를 제공하고 있다. 현재 제공되고 있는 주요 클라우드는 다음과 같다.

- AWS

- Azure

- Oracle cloud

- Naver cloud

- TOAST cloud

대부분의 회사가 선호하는 것은 AWS 클라우드다. 만약 클라우드를 활용하는 개발자라면 본인이 사용하는 클라우드 내의 주요 서비스에 대해서 어느 정도 지식을 갖고 있어야만 한다. 그냥 남들이 사용하는 것처럼 클라우드를 간단히 활용하는 수준으로는 강점이라고 내세우기 어렵다.

AWS와 관련된 클라우드 관련 면접 질문에는 다음과 같은 것들을 물어볼 수 있다.

Q. AWS를 사용해 봤는가?

Q. AWS의 RDS와 Aurora의 차이는 무엇인가?

Q. AWS에서 제공하는 EC2의 특징은 무엇인가?

Q. AWS에서 제공하는 IAM의 특징은 무엇인가?

Q. AWS에서 제공하는 S3의 특징은 무엇인가?

Q. AWS에서 제공하는 CloudWatch의 특징은 무엇인가?

Q. AWS에서 제공하는 Route 53의 특징은 무엇인가?

Q. AWS에서 제공하는 Lambda의 특징은 무엇인가?

AWS에서 제공하는 서비스가 수십 가지가 되기 때문에 모든 서비스를 암기하고 있을 필요는 없다. 하지만 여기에 명시된 기본적인 웹 서비스를 제공하기 위해 필요한 기능들은 숙지하고 있는 것이 좋다.

각 주요 키워드로 검색해 보면 AWS에서 제공하는 서비스들에 대한 한글로 된 자세한 가이드 문서들이 존재하므로 공부하는 데 크게 어려움을 겪지는 않을 것이다.

정리하며

지금까지 기술 면접을 보면서 알고 있어야만 하는 사항들에 대해서 살펴봤다. 이 외에도 질문하는 내용들이 많이 있을 수 있고 회사마다 중점적으로 보는 지원자의 역량이 다르다. 경력이 어느 정도 되는 분들에게는 "여기에 있는 것들이 뭐 대단한 것도 아닌데 이렇게 이야기하나?"라고 할 수도 있겠지만, 하나하나 빠짐없이 공부하고, 본인이 그것들을 경험할 기회가 있을 때 주어지는 대로 그냥 사용만 하는 사용자가 아니라, 본인이 리드하면서 해당 기술을 익힌다면 분명 자신의 가치는 올라갈 것이다.

누가
IT시장 취업에
성공하는가

신입 경력 지원자와 면접관을 위한 지침서

chapter 07

연봉 협상과 마무리

드디어 신입재는 최종 임원면접까지 오게 되었습니다.
마지막에 답변 하나 잘못해서 삐끗하면 안 되겠죠?
어떻게 최종 면접을 준비해야 하는지 알아보겠습니다.

7-1 연봉 협상하고 마무리하기

질문있으면 해보세요.

몇 달이 지난 후 마지막 임원 면담을 남겨둔 인재씨가 메신저로 삼촌에게
문의를 했다.

 삼촌 임원 면접하거나 연봉 협상할 때 주의해야 하는게 있을
까요?

 어. 모든 면접에는 질문하라는 시간을 줘.
그 때 엄한 질문하면 점수 많이 깎일 수 있지.
반대로 많은 점수를 받을 수도 있고.

그렇게 있어요?

 마지막 질문 타임은 매우 중요해.
거기서 회사 복지나 연봉 인상률 같은거 물어보면
'아 ... 이 사람은 돈 보고 오는 사람이구나'라고 생각할 수도
있어.
어차피 네가 면접 보는 대부분의 사람들은 연봉에 대한 권한
이 없거든.
그건 모든게 끝난 후에 결정되는거야.

 그럼 어떤 것을 질문 타임에 해야 해요 ?

 나 때는 말이지 ......

임원 면접 시 유의 사항

기술 면접이 끝나면 임원 면접을 본다. 대기업의 경우 별도의 인성 검사를 하는 프로세스가 있는데, 그렇지 않은 회사에서는 임원 면접을 통해서 인성을 보는 것이 일반적이다.

회사의 구성원이 된다는 것은 단순히 그 조직에 소속된다는 것은 아니다. 일반적으로 점심시간을 포함하여 하루 9시간을 회사에서 보낸다. 하루가 24시간이니, 3/8에 해당하는 시간과 출/퇴근이 한 시간씩 소요되고 출근 준비 시간까지 생각해 보면 개인마다 차이가 있겠지만 대충 하루에 12시간을 회사를 위해서 할애한다.

간혹 퇴직 면담을 해보면, 일을 보고 왔지만 사람이 맞지 않아서, 회사가 맞지 않아서 퇴사를 한다는 분들이 많이 있다. 경력 관리는 상관없다고 생각하는 분들도 있겠지만, 2~3일 아니면 1~2주 정도 회사를 다니다가 퇴사를 했을 때 아무리 이력서 상으로 숨긴다고 해도 건강보험이나 국민연금상의 이력에는 남기 때문에 숨길 수는 없다.

그렇기 때문에 회사에서도 지원자가 회사에 잘 맞을지를 보지만, 지원자도 본인과 그 회사가 잘 맞는지도 봐야 한다. 그리고 회사의 규모가 작을수록 본인을 면접 본 면접관과 같이 일할 확률은 대단히 높다.

따라서, 임원 면접은 본인의 인성과 회사와의 핏(fit)을 보는 것이 가장 큰 비중을 차지하겠지만, 본인과 같이 일하거나 이끌어 줄 리더들이 자기와 잘 맞는지도 유심히 관찰하며 면접에 임하는 것이 좋다.

임원 면접 및 인성 면접을 보는 또 하나의 이유는 조직의 분위기 때문이다. 앞서 이야기한 핏과 관련이 있겠지만, 지금까지 그 조직이 흘러왔던 것에 대한 것을 거부하고 전반적인 분위기에 악영향을 끼치는 한두 명의 구성원 때문에 문제가 발생하는 경우도 적지 않다.

회사마다 차이는 있을 수 있다. 매우 창조적인 것을 만들어 내는 직군의 경우에는 개인의 개성을 중요하고 높게 보는 곳도 있지만, 보통은 모난 사람보다 조직에 융화되는 사람을 더 좋아한다.

그리고, 임원 면접 시 매우 조심해야 하는 부분이 있다. IT 회사의 임원은 적어도 한 가지 이상의 전문 분야가 있다. 인프라, 애플리케이션, DBMS 등 여러분들이 임원 면접을 보는 분들은 그 분야에서 10년 넘게 몸 담으며 각종 지식을 쌓아왔고, 그 실력을 인정 받아서 그 자리에 있을 확률이 매우 높다.

따라서, 임원 면접을 볼 때 기술적인 부분을 파고 들었을 때 본인의 고집을 계속 이야기하다가 많은 점수를 깎일 수 있다. 그리고, 일부러 잘못된 기술적인 질문을 해서 지원자가 그 분야에 대해서 얼마나 제대로 알고 있는지, 본인의 생각과 다른 부분에 대해서 논쟁이 벌어졌을 때 어떻게 대응하는지를 볼 수도 있다.

그렇기 때문에 가식적인 본인의 모습을 보여주는 것 보다는 평소 하던 대로 행동을 해서 면접에 임하는 것이 좋다.

일반적인 임원 면접에서 확인하는 사항은 다음과 같다.

- 조직 적합성
- 성장 가능성
- 잠재력
- 태도
- 인성
- 가치관

임원마다 다르겠지만, 이와 같은 사항들에 대해서 질문을 하고 지원자들이 대답하는 것을 통해서 조직에 잘 맞는지를 검토한다. 아주 짧은 시간의 면접을 통해서 그 사람의 모든 것을 판단하기는 매우 어렵지만, 보통은 면접관의 경험을 통해 조직과 잘 어울리는지를 보는 것이 이 면접의 핵심이다.

예를 들어 인프라 담당자 면접을 보는데, 지원자가 본인의 단점에 대해서 "끝 마무리를 잘 못하는 것이 단점입니다."라고 대답을 했다면, 아주 꼼꼼한 성향이 매우 중요한 인프라 업무를 처리하는 데 어려움이 있을 것이라 판단하고 불합격 판정을 내릴 것이다.

그렇다고, 본인에 대해서 거짓말을 해도 큰 도움이 되지 않는다. 어차피 대부분의 회사는 수습 기간이 있고, 그 수습기간에 지원자에 대한 평가가 지속적으로 이루어지기 때문이다.

그래서, 면접시 솔직하게 이야기하는 것이 가장 좋다. 회사는 신뢰를 바탕으로 구성된 조직이고, 그 신뢰의 시작은 면접이기 때문이다.

마지막 질문 타임

모든 면접을 마치면, 대부분의 회사에서는 질문할 시간을 준다. 그런데, 아주 많은 지원자가 궁금한 것이 없다고 한다. 보통은 "앞에서 궁금한 것들 다 물어봐서 더 궁금한 것이 없습니다."라고 하는데, 앞에서 대답한 것과 다른 면접에서 대답한 것이 다를 수도 있다.

그래서, 이 시간에 궁금한 것이 없다고 하는 것은 본인의 점수를 엄청나게 깎는 대답이라는 것을 꼭 유념하고 있어야 한다. 그만큼 마지막 질문 타임은 매우 중요하다. 면접의 다른 부분에서 점수가 깎여도 여기서 보완할 수도 있고, 오히려 다 깎아먹어 버릴 수도 있다.

먼저 면접 시에 물어보면 좋지 않은 질문들을 살펴보자.

- 복지
- 돈
- 연봉
- 야근 수당
- 야근 빈도
- 질문 없음

왜 이 질문들이 안좋을까? 먼저, 복지, 돈, 연봉에 대한 질문은 이 회사에 지원한 이유가 업무적인 본인의 성장을 위해서가 아니라 금전적인 부분이나 혜택을 바라고 지원했다고 보일 수도 있기 때문에 그다지 면접 시 좋은 영향을 주지 못한다.

이러한 것들은 본인의 면접 일정을 잡아주고, 연봉 협상을 같이 하는 인사팀에게 물어봐도 충분하다. 여러분 앞에 앉아 있는 면접관들은 복지나 연봉에 대한 결정권이 거의 없는 사람들이다. 지원자의 역량이 아주 뛰어나서 "이 사람은 1억원을 달라고 하더라도 뽑아야 할 것 같아요."라고 추천을 할 수는 있겠지만, 그렇게 줄 수 있는 회사는 그렇게 많지는 않다.

그렇다면 어떤 질문들이 면접 마지막에 하면 좋을까?

- 회사의 비전 / 방향
- 서비스나 앱의 불편한 점 / 개선점

회사의 비전이나 방향에 대해서 질문한 다는 것은 그 회사에 대해서 매우 관심이 있다는 것을 의미한다. 만약 지인이 그 회사에 다녀서 추천으로 지원할 경우에는 지인에게 회사의 이슈 등을 확인해서 면접관에게 물어보는 것도 좋을 수 있다. (너무 민감한 내용을 갖고 질문할 경우 오히려 엄청난 감점요소가 될 수도 있으니 선별하여 질문하는 것이 좋다.)

만약 그 회사에서 제공되는 서비스가 앱이나 웹 기반이고 일반 사용자를 대상으로 한 것이라면, 해당 앱의 버그나 불편한 점들을 찾아서 이야기해 주는 것도 아주 큰 도움이 될 수 있다. 매일 그 앱을 사용하는 사람들은 그냥 지나칠 수 있는 부분이라도, 제삼자의 관점에서 본 의견은 매우 중요하기 때문이다.

하지만, 면접관이 아주 꼰대라면 "감히 내가 심혈을 기울여서 만든 앱을 지원자가 평가를 해?"라는 태도로 기분 나빠하는 것을 표출할 수도 있다. 그런 회사는 과감히 가지 않는 것이 여러분의 정신 건강이나 미래를 위해서 많은 도움이 될 것이다.

정리하며

20여 년을 IT업계에 몸 담으며 여러 회사에 문을 두드리기도 하고, 다니고 있는 회사에 지원한 분들을 만나면서 겪은 내용을 최대한 책에 녹이려고 노력을 했다. 이 책을 읽고 본인이 경험한 것을 공유해 주시면 앞으로 이 책이 발전해 나가는 데 큰 도움이 될 것이다. 칭찬보다는 부족했던 부분에 대해서 필자에게 이메일을 주시면 다음 버전의 이 책을 만드는 데 큰 도움이 되리라 생각한다.

아무쪼록 취업 준비생 분들과 이직 준비를 하는 분들에게 이 책이 작은 등대와 같은 역할이 되었기를 기원한다.